나를 찾는 108 참회 기도문

나를 찾는
108 참회
기도문

선묵혜자 스님과
마음으로 떠나는
기도 순례

선묵혜자 지음

마음
서재

2006년 9월 '마음으로 찾아가는 108산사순례기도회'를 결성하고, 2016년 2월부터는 '마음으로 찾아가는 53기도도량 순례'를 시작했으니 순례길에 오른 지 올해로 만 10년이 훌쩍 지났습니다. "십 년이면 강산도 변한다"고 했으니 참으로 길고 긴 고행이었지요.

한 달에 평균 5,000여 명이 우리나라의 아름다운 산사를 순례해왔습니다. 현재까지 약 66만여 명이 전국 방방곡곡에 있는 산사들을 비가 오나 눈이 오나, 추우나 더우나 빠짐없이 누빈 것입니다.

순례 법회는 대개 《천수경》을 독송하고 입정入定과 사경寫經을 행한 뒤, 108 참회 기도로 시작합니다. 산 깊고 물 맑은 산사에서 감미로운 염불 소리와 함께 부처님 전殿을 향해 '나를 찾는 108 참회 기도문'을 마음속으로 외우며 한 배 한 배 절을 합니다.

이 책에 실은 '나를 찾는 108 참회 기도문'은 부처님께서 중생 제도를 위해 49년 동안 설법하신 팔만사천 경전 중에서 불자들이 반드시 새겨야 할 말씀들을 가려 뽑은 것입니다. 말 그대로 잃어버린 나를 찾기 위한 간절한 기도문이라 할 수 있습니다.

일상 속에서 항상 생각해야 할 몸과 입, 뜻으로 짓게 되는 십선악十善惡과 사르나트의 녹야원에서 다섯 비구에게 전하신 삼법인三法印은 물론,《금강경》,《법화경》,《화엄경》 등 대승 경전에서 마음을 울리는 주옥같은 법문들을 발췌하였습니다. 그리고 각 기도문에 어떤 의미가 담겨 있는지 알기 쉽게 간략한 해설을 달아 놓았습니다.

순례를 다니면서 가장 행복한 순간은 108배를 하면서 마음속으로 참회 기도문을 외울 때입니다. 가장 경건하고 가장 간절한 순간이지요. 어떤 이는 두 손을 모아 서원을 빌기도 하고, 어떤 이는 과거와 현재에 지은 업장業障을 녹이면서 눈시울을 적시기도 합니다. 기도문 한 구절 한 구절이 진실로 마음을 울립니다.

책에는 저의 염불이 담긴 CD가 수록되어 있습니다. 매일 아침 염불을 들으면서 108 참회 기도를 한다면 부처님의 공덕과 가피가 찾아들 것입니다.

작년에는 불가에서 관음조라 불리는 파랑새 한 쌍이 제가 거처하고 있는 서울 수락산 도안사에 둥지를 틀었습니다. 올해도 어김없이 그 파랑새 한 쌍이 다시 찾아와서 둥지를 틀었는데, 이 또한 부처님의 뜻인 것 같습니다. 불교에서 이상세계를 상징하는 파랑새처럼 이 땅에도 평화와 희망이 함께하기를 기원합니다.

평화도량 수락산 도안사에서

선묵혜자

기도의 시詩

이른 새벽 단복을 입고
배낭을 메고
산사를 찾아갑니다.

부처님 전에 공양을 올리고
두 손을 합장하고
한없는 참회의 눈물을 삼키며
저는 오늘도 지극하게 기도합니다.

전생과 현생에 쌓인
제 안의 업장을 지웁니다.
간절함이 절실함으로 바뀌고
절실함이 제 마음속에
가득히 쌓입니다.

합장한 두 손이 세찬 바람에
얼어붙을 것 같아도
때로는 따뜻한 바람이 머물기도 하는
이 기도의 순간이
참으로 행복합니다.

지난 10년의 세월이 흐르는 동안
한 달에 한 번씩 마음을 비우고 참회하여
선묵혜자 스님이 주신 염주를 안고
집으로 돌아오면,
그 염주 한 알에
세상의 번뇌와 속박이
모두 사라짐을 느낍니다.

이제 한 알 한 알 꿴 염주를
마음으로 굴립니다.
남편에게, 아이들에게, 저에게
그 한 알에 담긴
부처님의 마음을 전하고자 합니다.

그들은 틀림없이 제 마음을
알고 있을 것입니다.
사랑하는 남편과
사랑하는 아내와
사랑하는 아이들은
기도하는 저의 이 지극한 마음을
틀림없이 알고 있을 것입니다.

오랫동안 잃어버렸던
제 지극한 마음이,
제 가족을 사랑하는 마음이,
이 108 염주 안에 오롯이 담겨 있음을.

부처님,
영원히 저의 곁에 자리하소서.

나를 찾는
108 참회
기도문

한 번, 또 한 번 엎드려 절할 때마다

세상 번뇌와 근심이 하나둘씩 사라집니다.

제가 이 기도를 올림은
내 일신의 안락함을 구함이 아니옵고,
더불어 사는 온 세상 유정有情·무정無情들이
모두 안락하기를 기원하는 것이오며,
불법佛法을 속히 익혀
열반에 이르고자 함이옵니다.

세상에는 수많은 종교가 있습니다. 한국에는 불교, 기독교, 천주교를 믿는 사람이 많지요. 이외에도 이슬람교, 통일교 등 다양한 종교가 존재합니다.

종교는 신앙하는 형태에 따라서 자력 신앙과 타력 신앙으로 나뉩니다. 그중 불교는 유일하게 자신의 기도로 소원을 성취하는 자력 종교입니다. 그 외에는 인간의 나약함을 신께 의지하기 위해 기도합니다. 기독교는 하나님, 이슬람교는 알라께 의지하는 타력 종교입니다.

종교의 목적은 온전히 사랑과 행복을 추구하는 것이므로 어떤 것이 옳다, 그르다고 할 수는 없습니다. 다만, 지금 이 순간 부처님께 올리는 108 참회 기도는 스스로 참회하고 나아가 행복한 미래를 위한 기도입니다.

이 세상은 더불어 사는 곳입니다. 눈에 보이는 것과 보이지 않는 것까지 모두 행복할 가치가 충분합니다. 우리가 기도하는 이유도 유정과 무정이 항상 안락하고, 나아가 불법을 익혀 완전한 깨달음인 아뇩다라삼먁삼보리심, 즉 열반과 해탈에 이르기 위함입니다. 그래야만 나와 기도가 온전히 하나가 될 수 있습니다.

열심히 기도하여 소원을 성취하세요.

1.

거룩한 부처님께 귀의하옵니다.

불교 가르침의 바탕은 삼보三寶입니다. 즉, 불佛·법法·승僧을 뜻하는 보배로운 삼보에 귀의하여 마음을 수행하라는 말씀입니다.

삼보 중 첫 번째인 불보佛寶는 '부처는 보배처럼 매우 귀중하다'는 뜻입니다. 싯다르타 왕자는 동서남북의 성문 밖에서 생로병사의 고통을 목격하고 출가를 결행했습니다. 그리고 설산에서 6년간 고행한 뒤 보드가야의 보리수나무 아래에서 우주 만유의 진리를 깨닫고 마침내 부처님이 되셨습니다. '부처'는 '깨달은 자'를 뜻합니다. 그러므로 첫 번째 기도문은 깨달으신 분, 거룩한 부처님께 귀의하겠다는 다짐입니다.

2.

거룩한 가르침에 귀의하옵니다.

삼보 중 두 번째인 법보法寶는 '부처님의 가르침은 보배와 같다'는 뜻입니다.

석가모니 부처님께서는 깨달음을 얻은 뒤 사르나트의 녹야원으로 가서 다섯 비구에게 최초로 법을 설하셨습니다. 그리고 쿠시나가라에서 열반에 드실 때까지 평생을 길 위에서 고귀한 진리의 가르침을 펼치셨습니다. 두 번째 기도문은 부처님께서 설하신 그 모든 가르침에 귀의하겠다는 다짐입니다.

3.

거룩한 스님들께 귀의하옵니다.

삼보 중 세 번째인 승보僧寶는 '불법과 교법에 따라 수행하는 스님과 승가僧家가 보배롭다'는 뜻입니다. 즉, 부처님께서 머물러 계시고 부처님의 법이 머무는 승가, 부처님의 가르침을 따르는 모든 스님들께 귀의하겠다는 다짐입니다.

4.

이 세상 모든 존재와 현상은 항상 변하는 것이 근본 진리임을 명심하겠나이다.

삼법인은 부처님의 세 가지 근본 가르침입니다. 여기서 인印은 부처님의 법이 영원불변하다는 뜻으로, 불변의 진리를 말합니다.

삼법인의 세 가지 진리는 제행무상諸行無常, 제법무아諸法無我, 일체개고一切皆苦입니다. 네 번째 기도문은 '존재하는 모든 것과 마음의 현상은 고정되어 있지 않고 항상 생겨났다가 변화하고 사라진다'는 제행무상인의 진리를 담고 있습니다.

사람들은 존재와 마음이 변함없이 그대로 머물러 있기를 바라며, 영원할 것이라는 착각 속에 살아갑니다. 부처님께서는 이 어리석은 생각을 바로잡기 위해 제행무상인을 통해 인생의 무상함을 강조하셨습니다. 인간의 목숨이 영원하지 않듯이 사람들이 선망하는 부와 명예, 그리고 사랑과 증오 같은 감정도 영원하지 않다는 것을 마음에 새겨야 합니다.

5.

모든 존재와 현상에는
실체로서 내가 없다는 것이 근본 진리임을
명심하겠나이다.

인간은 '나'라는 존재에 대해 끝없이 집착하기 때문에 번뇌와 고통의 굴레를 벗어나지 못하고 있습니다. 그러나 '나'라는 것은 실체가 없습니다. 그것이 바로 불교에서 강조하는 '무아無我' 사상이며, 제법무아인입니다. 실체로서 내가 없다는 것을 알고 어디에도 집착하지 않는다면, 우리는 집착하는 데서 오는 번뇌를 끊고 행복한 삶을 살 수 있습니다.

6.

모든 존재와 현상은
괴롭다는 것이 근본 진리임을
명심하겠나이다.

이 기도문은 '일체개고인'에 대한 가르침입니다. 인간은 무아와 무상無常의 진리를 깨닫지 못하고 자기에게 집착합니다. 또 모든 것이 영원할 것이라고 착각하기 때문에 온갖 괴로움에 빠집니다.

인간이라면 누구나 겪는 생로병사가 곧 괴로움입니다. 태어남의 고통, 늙어감의 고통, 병듦의 고통, 죽음의 고통을 누구도 피할 수 없습니다. 사랑하는 사람과 헤어지는 것도 괴로움이고, 미워하는 사람과 만나는 것도 괴로움입니다. 원하는 것을 얻으려고 애쓰지만 얻지 못하는 것도 괴로움입니다. 이러한 진리를 바로 안다면 어디에도 집착할 것이 없다는 깨달음에 이르게 됩니다.

7.

제행무상, 제법무아,
일체개고의 근본 진리를 알아
번뇌의 괴로움에서 벗어나겠나이다.

제행무상인, 제법무아인, 일체개고인, 즉 삼법인의 근본 진리를 알게 되면 온갖 괴로움에서 벗어날 수 있다는 총체적인 가르침입니다.

인간은 누구나 탐냄[貪]·성냄[瞋]·어리석음[癡]이라는 삼독심三毒心을 가지고 있습니다. 이것을 줄여서 탐·진·치라고 하지요. 지나친 욕심, 뜻대로 안 되면 치솟는 노여움, 그리고 어리석은 생각 때문에 결국 자기 자신을 잃어버리게 됩니다. 부처님의 위대한 설법인 삼법인의 이치를 바로 알면 삶에 평화가 찾아옵니다.

8.

모든 번뇌는 무명으로 인해 생김을
명심하겠나이다.

불교의 기본 교리인 십이인연법十二因緣法은 중생 세계의 과거, 현재, 미래에 대한 미혹의 인과를 열두 가지로 나눈 설법입니다. 이 기도문은 그중 첫 번째인 미혹과 어리석음의 근본이 되는 '무명無明'에 관한 가르침입니다.

과거에 지은 업에 따라 현재의 과보를 받고, 현재 지은 업에 따라 미래의 과보를 받게 되는 인연법으로서 '이것이 있으면 저것이 있고, 이것이 없으면 저것도 없다'는 연기緣起를 뜻합니다. 십이인연법은 다음과 같습니다.

- 무명: 미혹의 근본이 되는 무지.
- 행行: 무지로부터 의식 작용을 일으키게 되는 행동.

- 식識: 마음의 의식 작용.
- 명색名色: 이름은 있되 형상 없는 마음 또는 형상 있는 물질을 뜻함. 곧 사람의 몸과 마음.
- 육입六入: 눈·귀·코·혀·몸·뜻의 육근六根.
- 촉觸: 육근이 사물에 접촉하는 것.
- 수受: 어떤 경계에 의해 생겨나는 고통이나 즐거움을 받아들이는 감각.
- 애愛: 즐거움이나 사랑을 구하려는 마음.
- 취取: 원하는 것을 취하고자 하는 욕심.
- 유有: 내생에 불러올 과보나 업.
- 생生: 몸을 받아 중생 세계에 다시 태어나는 것.
- 노사老死: 늙어서 병들어 죽게 되는 것.

9.

모든 괴로움은
욕망 때문에 생기는 것임을
명심하겠나이다.

인간에게 생기는 번뇌의 원인은 탐·진·치인데, 그중에서도 탐
냄, 즉 욕심이 가장 큽니다. 이 기도문은 욕심을 경계하라는 가
르침입니다.

욕심이 충족되지 못하면 화가 생겨나게 되고, 이로 인해 망상
이 일어나 잘못을 저지르는 어리석음을 범하게 되지요. 그래서
부처님께서는 수행자가 열반에 이르는 데 가장 큰 장애가 되는
욕심을 경계하라고 하셨습니다.

10.

괴로움은 욕망 때문에 생기고,
욕망은 내가 존재한다는 생각 때문에 생김을
명심하겠나이다.

이 기도문은 '무아 사상'에 대한 가르침으로서 삼법인의 제법무아인과 말하고자 하는 바가 같습니다. 무아란 '나'라는 것은 실체가 없다는 뜻이라고 했습니다. 인간은 보통 '나'라는 존재가 있다고 생각하기 때문에 무아를 받아들이기 힘들어합니다. 그러나 진정한 무아 사상은 나보다 타인을 먼저 생각하는 마음에서 시작됩니다.

11.

나도 없고 나의 것도 없음을 알아
만사에 집착하지 않겠나이다.

인간은 '나'와 '내 것'에 대해 매우 강한 애착을 지니고 있습니다. 나를 '나'라고 하는 생각이 '나'를 만들고, '내 것'에 집착하게 합니다. 부처님께서는 무아와 무소유의 의미에 대해 말씀하셨습니다.

본디 나는 애초부터 없었기 때문에 나라는 존재가 없고, 그렇기에 나의 것도 본래부터 없다. 심지어 현재 내가 소유하고 있는 것조차 영원하지 않을 뿐만 아니라 임시로 소유한 것에 지나지 않으므로 결국 나의 것은 없다.

무소유란 본래 '나'라는 것이 없으므로 아무것도 소유할 수 없음을 아는 것입니다. 만약 무소유의 정신을 제대로 안다면 무언가를 당장 얻었다고 하더라도 기뻐하지 않고, 또 잃었다고 하더라도 슬퍼하지 않으며, 우리의 마음은 저절로 편안해질 수 있습니다.

무조건 가지지 않는다고 해서 무소유가 아닙니다. 가진 것을 모두 버린다고 해서 무소유가 될 수도 없습니다. 진정한 무소유는 부모에게서 물려받은 재산이 있다고 하더라도 애초부터 내 것이 아니라고 여기는 것입니다. 그 재산으로 어려운 사람들을 돕거나 사회로 환원한다면 그것이 진정한 무소유의 실천입니다. 즉, 무소유란 내가 가진 것이 없음을 깨닫고 자비를 베푸는 일입니다.

부처님께서 무아를 통해 주시려는 가르침은 바로 집착하지 않는 마음입니다. 무소유는 무아의 실천 덕목 중 하나입니다.

12.

진실한 나를 찾을 때까지
열심히 정진하겠나이다.

불교에서 말하는 '진아眞我'는 열반의 경지에 이른 진실한 자아 또는 부처의 성품을 깨달아 이를 유지하는 주체를 뜻합니다. 즉, 번뇌에서 벗어나 부처가 될 수 있는 인간의 본원적인 자아를 가리킵니다. 풀이하면 '진실한 나', 이를 두고 '참 나'라고도 합니다.

동서고금의 수많은 선지식들이 치열하게 정진한 것도 진아를 찾기 위함이었습니다. 이를 다른 말로 하면 깨달음, 아뇩다라삼먁삼보리심, 열반涅槃, 해탈解脫, 정등각正等覺이라고 합니다. 그러므로 '참 나'를 찾기 위해서 열심히 정진하면 우리는 부처의 경지에 이를 수 있습니다.

13.

모든 현상과 존재는
고정불변하는 것이 없음을
명심하겠나이다.

부처님께서는 모든 현상과 존재가 고정되어 있는 것이 아니라 항상 변한다고 말씀하셨습니다. 즉, 우주에 존재하는 모든 것은 결국 사라져 공空으로 돌아가지요. 이것이 바로 '공 사상'입니다.

모든 존재는 인연 따라 생겨난 것이므로 고정된 실체가 없으며, 무수한 원인과 조건 따라 존재하는 연기적緣起的 존재에 불과하다는 것을 뜻하기도 합니다. 만약 인간이 공 사상을 깨닫는다면, 탐·진·치라는 삼독심이 사라지고 성불로 나아갈 수 있습니다.

14.

이것이 있기에 저것이 있고,
이것이 생기기에 저것이 생김을
명심하겠나이다.

인과법因果法은 착한 일을 하면 좋은 과보를 받고, 악한 일을 하면 나쁜 과보를 받는다는 '선인선과善因善果 악인악과惡因惡果'를 의미합니다. 조건을 짓는 이것에 따라 저것이 존재한다는 논리입니다. 조건이 사라지면 결과도 사라지게 되지요.

원래 인과법은 부처님께서 《아함경》 등 초기 경전에서 십이연기법을 통해 자세하게 설하셨습니다. 부처님께서 일찍이 세상의 이치를 깨달으시고 중생들이 고통 받는 이유를 인과의 연쇄 작용으로 말씀하셨지요. "콩 심은 데 콩 나고 팥 심은 데 팥 난다"는 속담을 통해 인과법을 쉽게 이해할 수 있습니다.

15.

어떠한 존재도 우연히 생겨났거나
혼자 존재하는 것이 없음을
명심하겠나이다.

여기에 '나'가 있습니다. 그런데 '나'라는 존재는 어디서 왔을까요? 하늘에서 떨어졌거나 땅에서 솟았을까요? 부모라는 인연에 의해서 '나'가 있습니다.

이처럼 세상의 모든 유정과 무정은 홀로 태어난 것이 아니라 어떠한 인연에 의해 생겨납니다. 이것이 불교의 존재론입니다. 이를 가슴 깊이 새긴다면 우리가 소중한 존재이고, 이웃이 무척 귀중한 인연임을 알게 됩니다.

불교의 존재론은 십이인연법과도 깊은 관계가 있는데, 부처님께서는 이것으로써 중생의 탄생과 죽음을 자세하게 설하셨습니다. 즉, 십이인연법에 따라 인과를 이루게 되어 중생들은 태어나고 죽고, 다시 태어남을 반복하는 것입니다.

16.

제가 열반을 성취했더라도
육체의 괴로움은 피할 수 없음을
알겠나이다.

열반이란 산스크리트어 '니르바나'의 음역인데, 치열한 수행을 통해 미혹과 집착을 끊고 모든 속박에서 벗어난 최고의 경지를 말합니다. 멸도滅道, 적멸寂滅, 원적圓寂, 무생無生이라고도 합니다.

열반이 지닌 본래의 뜻은 '불어서 끄는 것' 또는 '불어서 꺼진 상태'로서 마치 바람이 불을 꺼버리듯이 번뇌의 불꽃을 지혜로써 소멸시킨 상태를 일컫습니다. 다른 말로 열반적정涅槃寂靜이라고도 합니다. 요즘은 큰스님들이 세상을 뜨면 적묵寂黙의 허공으로 떠났다고 하여 원적이라고도 하고, 영원한 안식으로 돌아가는 죽음이라고 하여 열반이라고도 합니다.

남방불교에서는 번뇌의 숲이 사라진 상태라고 해서 조림稠林이라고 했고, 부파불교 때는 부처님을 이상화·신격화하여 수행자가 아무리 노력해도 생존하는 동안에 완전한 열반을 체득하기 어렵다고 보았습니다. 그리하여 살아있을 때 성취한 열반을 불완전한 '유여열반有餘涅槃', 죽은 뒤에야 완전한 열반을 이룬다고 해서 '무여열반無餘涅槃'이라고 합니다.

이때는 열반의 경지를 두고 궁극의 깨달음을 얻은 아라한阿羅漢으로 보았기 때문에 열반에 도달하더라도 육체의 괴로움을 피할 수 없다고 보았지요. 결국 열반이 실재한다고 생각하는 것은 어리석은 사람의 미혹이라고 보았으며, 이는 유有와 무無가 아니라 공의 이치로서 윤회와 열반이 서로 구분되지 않는다고 보았습니다.

오늘날 동북아의 대승불교에서는 열반보다 보살의 활동이 더 강조되고 있습니다. 비록 열반을 성취했더라도 육체의 괴로움을 피할 수 없고, 원적에 들어야만 비로소 그 괴로움에서 벗어나는데 이를 가리켜 열반이라 정의합니다.

17.

깨달음에 이르는 길은
쾌락과 고행을 벗어나
중도 실천임을 명심하겠나이다.

'중도中道 사상'은 양극단에 치우치지 않는 참다운 수행법을 말합니다. 부처님께서는 싯다르타 왕자 시절에 출가하여 6년간 고행한 뒤 깨달음을 얻고 다섯 비구를 찾아가 최초로 불법을 전하셨습니다. 중도와 고집멸도苦集滅道의 '사성제四聖諦', 성스러운 깨달음의 여덟 가지 길인 '팔정도八正道'입니다.

부처님께서 완전한 깨달음을 얻고서 그것을 전하기 위해 떠올리신 이들이 자신의 수행에 큰 도움을 주었던 옛 고행자들이었습니다. 당시 사르나트의 녹야원에 머물던 다섯 비구들은 멀리서 부처님이 오시는 것을 보고 말했습니다.

"보라, 벗들이여. 저기 걸어오는 자는 고타마가 아닌가. 그는 일찍이 고행을 버리고 게으름에 떨어진 사람이다. 마중도 하지 말고, 인사도 하지 말고, 옷과 발우조차 받아주어서는 안 된다. 그러나 자리만은 허락하는 게 좋겠다."

그들은 고타마가 배고픔을 이기지 못하고 수행 자리를 박차고 마을로 내려가서 목녀牧女에게 유미죽을 얻어먹은 것을 탐탁지 않게 여기고 있었습니다. 그런데 부처님이 가까이 오시자 몸에서 광명이 흘러나오는 것을 보고, 자기들도 모르게 합장하고 예배를 올렸습니다. 부처님의 옷과 발우를 받고 자리를 깔아드린 다음 발 씻을 물을 떠왔습니다. 부처님께서는 자리에 앉아서 발을 씻은 후 다섯 비구에게 말씀하셨습니다.

수행자들이여. 오늘부터 '벗'이라고 나를 불러서는 안 된다. 나는 깨달은 자로서 여래이다. 이제부터 나의 말에 귀를 기울여야 한다. 나는 불멸을 얻었다. 내 이제 그대들에게 법을 말하고자 한다. 만일 그대들이 여래가 가르치는 대로 행하면 오래지 않아 청정한 행을 알고 성불을 실현하게 될 것이다.

수행자는 항상 양극단을 피해야만 한다. 무엇이 양극단인가. 첫째는 욕망의 쾌락에 열중하는 것을 말한다. 추하고 저속하며 어리석은 것은 수행에 아무런 도움이 되지 못한다. 둘째는 자신을 괴롭히는 고행에 열중하는 것이다. 이 두 가지는 매우 고통스러운 것으로서 아무런 도움이 되지 못한다. 수행자들이여. 여래는 이 양극단을 버리고 중도를 깨달았다. 바른길이야말로 눈이자 지혜이다. 고요함과 바른 깨달음과 크나큰 열반에 이르는 것을 돕는다.

그렇다면 바른길은 무엇인가? 네 가지 성스러운 가르침인 사성제가 있다. 즉 괴로움에 대한 가르침, 괴로움의 원인에 대한 가르침, 괴로움의 소멸에 대한 가르침, 괴로움을 소멸시키는 길에 대한 가르침인 '고집멸도'이다. 이 네 가지 성스러운 가르침은 본래 듣지 못한 법인데, 여래가 마땅히 알 것을 이미 알아서 눈이 나고 빛이 나고 지혜가 났느니라. 만약 여래가 이 네 가지 거룩한 가르침을 알지 못했다면 위없는 바른 깨달음을 실현하지 못했을 것이다.

그러나 여래가 네 가지 거룩한 가르침을 여실히 알아서 위없는 가르침을 설하는 동안 깨닫는 이가 있다면 여래는 법의 바퀴를 굴릴 것이지만, 깨닫는 이가 없다면 법의 바퀴를 굴리지 않을 것이다.

다섯 비구는 법문을 듣고 크게 감격했습니다. 이것이 바로 부처님의 초전법륜初轉法輪입니다. 진리를 깨달아 성불하기 위해서는 쾌락과 고행에서 벗어나 중도를 실천해야 한다는 것이 그 핵심입니다.

18.

깨달음에 이르기 위해서
괴로움이 어떻게 생기고 소멸에 이르는지
바르게 알겠나이다.

고집멸도에서 '고苦'는 생로병사의 괴로움을 말하고, '집集'은 괴로움의 원인이 되는 번뇌의 모임을 뜻하며, '멸滅'은 번뇌를 없앤 깨달음의 경계를 가리키고, '도道'는 그 깨달음의 경계에 이르는 수행을 말합니다. 다른 말로 사성제, 사제四諦, 사진제四眞諦라고도 합니다.

고제苦諦란 우리의 인생 자체가 고통임을 알고 이에 잘 대처하라는 뜻입니다. 집제集諦란 중생의 마음이 늘 번뇌와 갈등에 휘둘려 고통을 스스로 모으고 있음을 알려줍니다. 멸제滅諦란 고통의 원인이 소멸 상태에 있음을 뜻하는데, 즉 해탈과 열반의 경지로 가는 길을 가리킵니다. 욕망 때문에 일어나는 번뇌를 멸해야, 불교의 궁극적 목적인 성불을 할 수 있다는 진리를 말해줍니다. 마지막으로 도제道諦란 열반의 경지에 도달하는 이상적인 수행 방법을 뜻합니다. 이를 축약한 것이 바로 고집멸도의 깊은 가르침입니다.

19.

깨달음에 이르기 위해서
온화하고 자비롭고 청정한 마음을
가지겠나이다.

부처님께서는 깨달음을 얻은 뒤 다섯 비구에게 팔정도를 닦아야 한다고 말씀하신 바 있습니다. 이 기도문은 그 여덟 가지 수행의 길에 대한 가르침입니다.

정견正見은 올바로 세상을 보는 것, 정사正思는 올바로 사유하는 것, 정어正語는 바른 말을 하는 것, 정업正業은 올바른 행동을 하는 것, 정명正命은 청정하게 몸과 마음을 닦는 것, 정근正勤은 바르게 부지런히 노력하는 것, 정념正念은 항상 일심으로 깊이 생각하는 것, 정정正定은 항상 마음을 평안하게 유지하는 것입니다. 즉 바른 견해, 바른 판단, 바른 말, 바른 행위, 바른 생활, 바른 노력, 바른 생각, 바른 마음을 실천하는 것이 팔정도 수행입니다.

20.

깨달음에 이르기 위해서
거짓말, 이간하는 말, 욕하는 말,
꾸미는 말을 하지 않겠나이다.

몸[身]·입[口]·뜻[意]으로 짓게 되는 세 가지 업을 신구의身口意 삼
업三業이라고 합니다. 몸으로 짓는 업, 입으로 짓는 업, 생각으로
짓는 업을 말하는데, 여기에서 파생되는 악업惡業이 열 가지입니
다. 먼저 몸으로 짓는 업은 세 가지로 나뉩니다. 살생殺生은 생명
을 죽이는 것, 투도偸盜는 남의 물건을 도적질하는 것, 사음邪音은
아내나 남편 이외의 사람과 음란한 짓을 하는 것을 가리킵니다.

입으로 짓는 업은 네 가지로 나뉩니다. 양설兩舌은 이간하는
말, 악구惡口는 남을 성내게 하는 나쁜 말, 기어綺語는 겉만 좋아
보이고 실속 없는 말, 망어妄語는 망령되고 이치에 맞지 않는 말
을 가리킵니다.

생각으로 짓는 업은 세 가지로 나뉩니다. 탐심貪心은 남의 것을

탐내는 마음, 진심瞋心은 성내는 마음, 치심癡心은 어리석은 마음을 말합니다.

이와 반대되는 열 가지 선한 업을 가리켜 선업善業이라고 합니다. 살생하지 않는 것, 도둑질하지 않는 것, 음란한 짓을 하지 않는 것, 이간하는 말을 하지 않는 것, 거짓말하지 않는 것, 꾸미는 말을 하지 않는 것, 험담하지 않는 것, 욕심내지 않는 것, 성내지 않는 것, 삿된 견해를 갖지 않는 것을 뜻하지요. 이 기도문은 성불을 하려면 신구의 삼업을 잘 다스려서 열 가지 선한 업을 쌓아야 한다는 가르침을 줍니다.

21.

깨달음에 이르기 위해서
다른 존재의 목숨을 구해주고 보시하고
청정한 생활을 하겠나이다.

부처님께서는 보살이 부처가 되기 위해서는 보시布施, 지계持戒, 인욕忍辱, 정진精進, 선정禪定, 지혜知慧의 육바라밀六波羅蜜을 실천해야 한다고 말씀하셨습니다. 육바라밀이란 보살이 열반에 이르기 위해 닦아야 할 여섯 가지 실천 덕목을 말합니다.

보시는 조건 없이 기꺼이 베푸는 일을 말하는데, 그 내용에 따라 물질적인 재보시財布施, 교육적인 법보시法布施, 상대의 마음을 편안하게 해주는 무외시無畏施가 있습니다. 지계는 계율을 잘 지켜 악을 막고 선을 행하는 것을 뜻하고, 인욕은 박해나 곤욕을 참고 용서하는 것을 말하며, 정진은 꾸준하고 용기 있게 노력하는 것을 뜻하고, 선정은 마음을 닦는 수행을 의미하며, 이로써 얻게 되는 것이 곧 지혜입니다.

22.

깨달음에 이르기 위해서
정당한 방법으로
의식주를 구하겠나이다.

모든 중생과 보살이 성불하기 위해 가장 먼저 해야 할 일은 자신의 성품을 청정하게 하고 의식주衣食住를 유지하는 일입니다. "평상심이 도道"라고 했듯이 입는 것, 먹는 것, 기거하는 곳에 깨달음이 있다는 말도 이러한 까닭입니다.

그런데 의식주를 구할 때 우리가 노력해서 정당하게 얻어야지, 남에게서 빼앗거나 도둑질한다면 당연히 부처가 될 수 없습니다. 이것은 성불보다 우선시되는 가르침입니다.

23.

깨달음에 이르기 위해서 이미 생긴 선은 더욱 커지게 하며, 아직 생기지 않은 선은 생기도록 노력하겠나이다.

보살이 성불하기 위해서는 선행을 실천하고 많은 공덕을 쌓아야 합니다. 불교에서 공덕의 한계는 정해져 있지 않습니다. 선행을 한없이 펼치는 것을 '무루선無漏善'이라고 하고, 복을 한없이 얻는 것을 '무루복無漏福'이라고 하지요. 즉, 선행의 실천으로 얻는 복은 무한하다는 뜻입니다.

선행을 많이 실천했다고 하더라도 그것에 머무르다 보면 그 공덕이 점점 작아집니다. 선행을 실천할 일이 생기면 더 많이 실천해야 한다는 뜻입니다. 이 기도문은 '내가 선행하고 있는데 더 해야 하는가?'라는 분별심이 생기는 것을 경계하기 위한 가르침입니다.

24.

깨달음에 이르기 위해서
이미 생긴 악은 끊도록 노력하며,
새로운 악이 생기지 않도록 노력하겠나이다.

살다 보면 알면서 저지른 죄보다 몰라서 저지른 죄가 더 많습니다. 죄가 된다는 것을 알면서도 저지르는 것은 악이라고 할 수 있고, 발밑에 개미가 있는 것을 모르고 밟아 죽이는 것은 모르고 지은 죄라고 할 수 있습니다.

모든 죄는 탐욕과 성냄, 어리석음의 삼독심이 원인입니다. 만약 죄가 있다면 업장을 소멸하기 위해 스스로 노력해야 하고, 앞으로는 죄를 짓지 않도록 더욱 노력해야 합니다.

25.

깨달음에 이르기 위해서
마음을 한 점에 집중하여
선정에 들겠나이다.

보살이 성불하기 위해서는 육바라밀을 실천해야 한다고 했습니다. 그중 선정은 보살이 성불하는 데 매우 중요한 실천 덕목이지요.

선정의 다른 말은 '마음 집중'입니다. 《대념처경》에 따르면 마음 집중이란 몸[身]·느낌[受]·마음[心]·법[法]의 사념처四念處에 집중하여 그것들 속에서 일어나고 사라지는 현상들을 예리하게 관찰하는 수행법입니다.

선불교에서는 선정을 통해 간화선看話禪을 합니다. 간화선은 화두를 들고 마음을 집중해 참선하며 깨달음을 얻는 방법이지요. 화두는 1,700여 개에 이르며, 대표적인 화두로 '이뭣고', '권시궐' 등이 있습니다.

26.

제가 살면서 나와 남을 위해
산목숨을 죽이지 않겠나이다.

중생들은 세상을 살면서 몸과 입, 생각으로 삼업을 짓는다고 했습니다. 몸으로 짓는 업 세 가지, 입으로 짓는 업 네 가지, 생각으로 짓는 업 세 가지를 합쳐서 십악+惡이라고 합니다. 십악을 멀리하고 열 가지 선을 실천하는 것을 가리켜 십선+善이라고 하지요.

중생은 더불어 살아갑니다. 미물이라도 살아야 할 나름의 이유가 있습니다. 그렇기 때문에 십악 중에서 가장 큰 죄로 꼽히는 것이 살아있는 것을 죽이는 살생입니다. 이 기도문은 살생이란 죽어서도 무간지옥에 떨어지는 무서운 죄라는 것을 깨우쳐 줍니다.

27.

제가 살면서 남의 것은 무엇이든지
훔치지 않겠나이다.

몸으로 짓는 악업에는 투도가 있습니다. 남의 물건을 도적질하는 것을 말하지요. 굶어 죽을 지경이라고 해도 남이 노력해서 가진 것을 힘으로 빼앗거나 훔치면 지옥으로 떨어진다고 합니다.

절간에서 스님들이 쓰는 물건을 '상주물常住物'이라고 하는데, 그 네 가지가 다음과 같습니다.

첫째는 상주상주常住常住로서 대중이 함께 쓰는 요사나 법당, 살림, 꽃과 나무, 밭과 정원 등을 말합니다. 이 물건들은 정해진 자리에 그대로 두고 사용해야 하고, 다른 곳으로 옮겨서는 안 되며, 팔아서도 안 됩니다.

둘째는 시방상주十方常住로서 대중이 항상 함께 공양하는 것을 말합니다. 공양 전에 목탁이나 종을 울리는 것은 시방세계에 부처님과 부처님의 법이 가득하므로 공양물을 밖으로 가져가지 말라는 의미입니다.

셋째는 현전상주現前常住로서 현재 상주하는 대중에게만 시주가 베풀어지는 것으로, 그들만 이용해야 함을 뜻합니다.

넷째는 시방현전상주十方現前常住로서 출가자가 세상을 뜨면 그가 가지고 있던 가벼운 물건들을 대중이 나누어 갖는 것을 뜻합니다.

《방등경》에서 화취보살이 말했습니다.

아버지를 죽이고, 어머니를 죽이고, 아라한을 죽이고, 화합을 깨뜨리고, 부처님의 몸에 피를 내는 오역五逆과 바라이죄는 내가 능히 구하겠으나 상주물을 훔친 자는 내가 능히 구하지 못한다.

남의 물건을 훔치는 일이 얼마나 큰 죄인지 명심해야 합니다. 자신의 것이 아닌 것을 속여서 자기 것으로 만들다 보면 직장이든, 학교든, 사회든 큰 혼란에 빠질 수 있음을 경계하는 가르침입니다.

28.

제가 살면서 나와 남을 위해
사음을 하지 않겠나이다.

몸으로 짓는 악업에는 사음이 있습니다. 부부가 아닌 다른 남녀와 삿된 음행을 저지르는 것을 말하지요. 부처님 당시 인도에서 사음은 사회적 문제가 되었습니다. 부처님께서는 이를 보시고 여러 경전을 통해서 부부가 서로 지켜야 할 도리가 있다고 강조하셨습니다.

부부가 평생 서로 사랑하고 백 년을 해로한다면 이로 인한 공덕은 지대하다고 합니다. 특히 사음하지 않으면 수명이 연장되고, 자식들이 출세하며, 재산이 불어나는 등 많은 공덕이 따른다고 합니다.

29.

제가 살면서 나와 남을 위해
거짓말을 하지 않겠나이다.

입으로 짓는 악업에는 기어가 있습니다. 기어는 거짓말로 상대방을 현혹해 이익을 얻거나 감언이설로 남을 속이는 행위를 말하지요. 타인을 향한 지나친 칭찬, 자기 자랑도 포함됩니다.

입으로 짓는 악업인 양설, 악구, 기어, 망어 중에서 사람들이 가장 많이 저지르는 잘못이 기어입니다. 사실 기어는 남을 속이는 것뿐만이 아니라 자기를 속이는 행위이기도 합니다.

부처님께서는 수행자가 기어를 일삼으면 "수행자의 인격이 상하고 남으로부터 존경심을 잃게 된다"고 하셨습니다. 이는 수행자뿐만 아니라 모든 사람에게도 해당됩니다. 기어는 남을 오염시키기도 하지만, 우리의 마음도 오염시킵니다.

30.

제가 살면서 사람과 사람 간에 이간질을 하지 않겠나이다.

입으로 짓는 악업에는 양설이 있습니다. 이쪽과 저쪽에서 다르게 말하는 것을 뜻하지요. 즉, 한 입으로 딴말을 하여 사람 사이를 이간질시켜 다툼이 일게 하는 것을 말합니다.

《법구경》에 따르면 "입 안에 도끼가 있다"고 했습니다. 덕이 있는 사람은 항상 깊이 생각하고 해야 할 말만 합니다. 양설을 일삼다 보면 누구나 자신이 했던 말의 덫에 걸릴 수 있음을 명심해야 합니다.

부처님 당시에 이간질로 희생된 대표적인 사람이 빔바사라 왕입니다. 그의 아들 아자타샷투는 데바닷다의 달콤한 이간질에 속아 아버지인 빔바사라 왕을 감옥에 유폐시켰습니다. 아들은 뒤늦게 자신이 속은 것을 알고 후회했지만, 이미 아버지는 숨이 끊어진 뒤였습니다. 이렇듯 남을 이간질하는 것은 돌이킬 수 없는 악업을 불러일으키기도 합니다.

31.

제가 살면서 더러운 말, 욕하는 말을 입에 담지 않겠나이다.

입으로 짓는 악업에는 악구가 있습니다. 남을 함부로 욕하거나 험담하는 것을 말하지요. 옛말에 "말 한마디로 천 냥 빚을 갚는다"고 했듯이 말은 그 사람의 인격과 품격을 있는 그대로 드러냅니다. 《아함경》 속 외도와 부처님의 일화는 우리에게 일깨우는 바가 큽니다.

부처님 당시 파라트파차라는 외도가 있었습니다. 그는 매일 부처님을 향해 욕설을 퍼부었으나 부처님께서는 그것을 조금도 개의치 않았습니다. 어느 날 파라트파차가 흙을 한 주먹 쥐고는 부처님을 향해 던졌는데, 마침 맞바람이 일더니 그 흙이 도리어 그의 눈 속으로 들어갔습니다. 멀리서 이것을 지켜본 마을 사람들이 그를 비웃었습니다. 그러자 부처님께서 말씀하셨습니다.

아무에게나 함부로 욕하거나 해악을 입혀서는 안 된다. 설령 원한이 깊은 사람일지라도. 또한, 몸과 마음이 청정한 사람에게도 나쁜 말을 하면 그 해악은 반드시 너에게로 되돌아온다. 마치 흙을 뿌리면 바람을 거슬러 그 흙이 오히려 자기를 더럽히듯이.

그제야 외도는 크게 뉘우쳤다고 합니다. 이처럼 남에게 던진 욕이나 험담이 결국 자기에게 되돌아옴을 명심해야 합니다.

32.

진실이 아니고, 뜻이 아니고, 법이 아닌 것을 말하지 않겠나이다.

입으로 짓는 악업에는 망어가 있습니다. 망령되고 이치에 맞지 않는 말로 남을 현혹하거나, 어리석은 생각임에도 남에게 함부로 말을 내뱉는 것을 뜻하지요. 부처님께서는 말씀하셨습니다.

이치에 맞지 않고 사려 깊지 않은 말을 하면 나중에 죽어서 지옥에 떨어지고, 설령 인간으로 태어난다 하더라도 신용을 얻지 못하며, 망령된 말로 남을 현혹하면 지옥에 떨어질 것이고, 설령 인간으로 태어난다 하더라도 남에게 놀림 받을 것이며 벙어리가 될 것이다.

우리는 현상을 있는 그대로 말하고 진실만을 말하는 습관을 길러야 합니다. 몸과 정신이 청정하고 맑은 사람은 그 내면 또한 밝은 빛으로 가득합니다.

33.

남의 재물과 모든 생활을 엿보고
나의 것으로 만들기 위해
욕심을 부리지 않겠나이다.

생각으로 짓는 악업에는 탐욕이 있습니다. 탐욕은 인간이 지옥으로 떨어지는 가장 큰 악업입니다. 이것을 버리면 성냄도 사라지고 어리석음도 사라집니다. 부처님께서는 말씀하셨습니다.

욕망을 버리지 못하고 의지하게 되면 지옥으로 떨어지고 설령 인간으로 태어나더라도 욕심쟁이가 될 것이며, 화내기를 좋아하면 지옥으로 떨어지고 설령 인간으로 태어나더라도 분노로 가득한 일만 생길 것이며, 삿되고 어리석어서 사리분별을 못 하면 지옥으로 떨어지고 설령 인간으로 태어나더라도 매우 어리석은 사람이 될 것이다.

그런데 부처님께서는 욕심을 무조건 내지 말라고 하지는 않으셨습니다. 재물의 무기성無記性과 중립성中立性을 인정하고 다시 말씀하셨지요.

사람이 재물에 욕심을 가지는 것은 당연하다. 하지만 항상 책임이 뒤따른다. 열심히 노력하여 얻은 재물은 그것만으로도 가치를 지닌다. 남을 해치거나 남의 물건을 도둑질하거나 남을 죽여서 얻는 재물은 아무런 가치가 없다.

이 기도문은 재물에 대한 탐욕이 가져오는 위험성에 대해 깊은 가르침을 줍니다.

34.

업이 생기면 과보는 피할 수가 없음을
명심하겠나이다.

　불교에서 선악을 결정짓는 과보는 아주 명쾌합니다. 신구의 삼업에서 선업을 행하였느냐 악업을 행하였느냐에 따라 결정되지요. 십선을 모두 행하기란 매우 어려운 일이지만, 몸과 정신을 맑게 하는 것이기에 우리가 마음먹기에 달려 있습니다.

　부처님께서 사밧티의 기원정사에 계실 때 제자들을 불러놓고 말씀하셨습니다.

　열 가지 선을 행하면 죽어서 천상에 가게 되고, 만약 인간으로 태어나면 오래 살고 부자가 되며, 배우자가 정숙하고 오직 자기만을 위할 것이며, 남의 놀림을 받지 않게 되고, 또한 좋은 벗을 사귀게 되고, 좋은 목소리를 가지게 되며, 타인에게서 신뢰를 받게 될 것이다. 또한 욕망과 성냄도 사라져 항상 지혜로운 사람이 될 것이다.

　신구의 삼업과 열 가지 과보는 우리의 인생을 개척해나가는 데 중요한 요인입니다. 설령 부처님의 말씀이 아니더라도 상식적인 범주에서 우리가 해야 할 것과 하지 말아야 할 것을 가린다면 능히 실천할 수 있습니다.
　인간의 됨됨이는 선함과 정직함을 잣대로 삼습니다. 품성이 고결한 존재는 이루 말할 수 없을 정도로 높은 경지에 이르게 됩니다.

35.

과거에 지은 업이 현재 나를 만들었고,
현재에 내가 지은 업은
미래의 또 다른 내가 받음을 명심하겠나이다.

《잡아함경》에 따르면 "남을 죽이면 자기를 죽이는 자를 만나고, 남을 이기면 자기를 이기는 자를 만난다"고 했습니다. 사람은 자신이 저지른 일에 대해 업의 대가를 받을 수밖에 없습니다. 불교에서는 이를 인과법이라고 합니다. 즉, 원인이 있으면 반드시 결과가 따른다는 것이지요.

지금 내가 하고 있는 말과 행동은 인因이 되어서 나중에 연緣을 만나게 되고, 그에 상응하는 과果를 만나게 됩니다. 이것이 인연과因緣果입니다.

《불설삼세인과경》에서 말했습니다.

만일 전생의 일을 묻는다면 금생에 받고 있는 것이 바로 그것이

오, 만일 미래의 일을 묻는다면 금생에 짓고 있는 것이 바로 그것
이다.

인간의 삶은 과거·현재·미래라는 윤회의 수레바퀴 속에서 움직
입니다. 그러므로 내가 과거와 현재에 짓는 업은 일시에 소멸되
는 것이 아니라 영원히 이어집니다. 이것이 내가 지은 업을 내가
반드시 풀어야 하는 이유입니다.

36.

위로는 깨달음을 구하고
아래로는 중생을 제도하겠나이다.

보살이 부처가 되기 위해서는 보시, 지계, 인욕, 정진, 선정, 지혜의 육바라밀을 실천해야 한다고 앞에서 말했습니다. 이 중에서 보시·지계·인욕은 타인을 위하는 이타행利他行이고, 정진·선정·지혜는 자기를 위하는 자리행自利行입니다.

다시 말해 깨달음을 구하고자 하는 보살이 자신을 위해 열심히 정진하여 선정에 들어서 마침내 지혜를 증득하는 것을 '상구보리上求菩提'라고 합니다.

아래로는 중생을 위해 보시를 실천하고 계를 지키며 온갖 모욕과 고통을 참으며 타인을 위한 이타행을 실천하는 것을 '하화중생下化衆生'이라고 합니다. 즉, 자리와 이타는 우리가 나아가야 할 보살의 길입니다.

37.

분별하지 않는 마음을 내어서 남을 돕는 것이
보살도임을 명심하겠나이다.

부처님께서는 분별심을 버려야만 성불할 수 있다고 말씀하셨습니다. 대개 불자들은 선악의 경계에 대해 많은 의문을 품고 있습니다. 이에 대해서는 수행자조차도 의심을 품고 있지요. 하지만 이러한 마음조차 분별심이라는 것을 알아야 합니다.

진정한 수행의 길은 모든 것을 초월하는 데 있습니다. 부처님께서 말씀하시는 선禪의 본질은 선악을 구별하지 말고 그조차 초월하라는 것이기 때문에 "선악을 분별조차 하지 말라"고 하셨던 것입니다.

보살이 선악을 초월한 마음을 가지면 '악은 멀어지고 선은 가까워진다'는 본래의 이치를 자연스럽게 깨닫게 됩니다. 즉, 악행을 멀리하고 선행을 실천하는 것이 자연스러운 성품에서 우러나와야 한다는 뜻입니다.

우리가 선행을 실천한다는 마음을 가지는 순간, 이미 분별심이 작동합니다. 선행을 한다는 생각조차 버리는 것이 진정한 보살도입니다.

38.

분별과 집착을 떠나서
다른 사람에게 이익 되는 일을 하겠나이다.

사람이 괴로움을 겪는 근본적인 이유는 욕망에 대한 집착 때문입니다. 이 집착은 진실을 보지 못하게 하여 분별력을 잃게 만드는 원인이 됩니다. 또한 연속적인 번민과 사소한 생각을 일으키는 원인이 되기도 합니다.

부처님께서 강조하신 것이 바로 이것입니다. 창조적인 삶을 살기 위해서는 세상을 긍정적 관점에서 바라보고 내면의 소리에 귀를 기울여야 합니다. 이것이 올바로 세상을 보기[正見] 위해 밝은 눈을 얻는 방법이지요.

《잡아함경》에 아난존자가 자신을 좋아하는 여인에게 설법한 말씀이 있습니다.

그대여. 이 몸은 세상에 나서 음식과 교만으로 자라났으며, 탐욕과 음욕으로 자라난 것입니다. 그러므로 부처님의 제자들은 몸을 보존하기 위해 음식을 먹고 목마른 병을 고치기 위해 항상 불도의 수행을 닦아야 합니다. 마치 수레를 끄는 상인이 오직 길을 가기 위해 바퀴에 기름칠을 하는 것처럼 말입니다.

모든 일에 분수를 헤아려 스스로 집착과 애착을 없애야만 합니다. 또한 마음에 교만과 애욕, 탐욕이 일어날 때는 스스로 모든 번뇌가 다하여 해탈했다고 생각해야 하며, 다시는 윤회의 삶을 살지 말아야 합니다. 그럼에도 왜 나는 아직 여기서 벗어나지 못하는가를 자성해야만 합니다. 만약 그대가 이렇게 생각한다면 마음의 병에서 벗어나 마침내 식욕, 교만, 탐애, 음욕에서도 벗어날 수 있을 것입니다.

탐욕으로 인한 집착과 분별심이 끊임없이 일어나는 사람은 타인에게 헌신할 줄 모릅니다. 무아를 깨쳐야 타인을 위하는 마음이 드러납니다. 나를 낮추고 남을 높이는 '하심下心'을 실천하려면 열심히 절하고 기도해야 합니다.

39.

나는 보살이고 타인은 미혹한 중생이라
생각하지 않겠나이다.

보살이란 산스크리트어 '보리살타'의 준말입니다. '깨닫다'에서 파생된 말로 지혜 또는 불지佛地라는 의미를 지니고 있지요. 즉, 보리菩提를 구하고 있는 유정으로서 보리를 증득할 것이 확정된 유정이나 구도자, 지혜를 가진 사람, 지혜를 본질로 하는 사람 등으로 풀이할 수 있습니다.

대승불교에서는 누구나 보살의 길로 나아가면 장차 부처가 될 수 있다고 말합니다. 우리가 보살이 되기 위해서는 두 가지 서원을 가져야 합니다. 첫째는 중생을 구제하겠다는 서원이고, 둘째는 그 서원에 대한 회향입니다.

중생이란 말은 인간뿐만 아니라 생명을 가진 모든 존재를 포함

합니다. 중생은 성불하기 전까지 윤회를 반복할 수밖에 없는 미혹한 상태입니다. 따라서 넓은 의미의 중생은 부처 또는 보살과 구별하여 아직 미혹에 빠진 사람이나 생물을 가리킵니다.

《열반경》에서는 모든 중생은 부처의 불성을 가지고 있다고 하여 '일체중생실유불성一切衆生悉有佛性'이라고 했습니다. 이 말은 보살과 중생은 둘이 아니라 하나임을 뜻합니다. 그러므로 나는 보살이고 타인은 중생이라고 여기는 마음이 어리석다고 할 수 있습니다.

40.

생사 번뇌는 무상하며
환상에 지나지 않음을 알아
생사가 그대로 열반임을
명심하겠나이다.

부처님께서 "세상은 무상하고, 무상하기 때문에 괴로운 것"이라고 말씀하셨습니다. 더 깊이 들어가면 인간은 존재하는 것 자체가 바로 괴로움이라는 뜻입니다.

인간은 죽음을 앞두고 비로소 참회한다고 합니다. 얼마나 어리석고 허망한 일입니까. 세상에 태어나고 죽는 것이 해탈의 길임을 안다면 탐욕과 성냄, 어리석음의 삼독심에서 벗어날 수 있습니다. 우리가 고통 속에서 벗어나기 위해서는 끊임없는 '자기 성찰'이 필요합니다.

41.
열반은 생사의 한가운데 있고
따로 존재하지 않음을 명심하겠나이다.

오늘날 대승불교에서는 열반을 두고 '본래자성청정열반本來自性淸淨涅槃'과 '무주처열반無住處涅槃'을 주장하고 있습니다. 전자는 모든 중생의 심성이 본래 청정하다는 것으로서 '있는 그대로'의 진리인 진여眞如조차 뛰어넘어 안심安心의 경지에 이르는 것을 말합니다. 후자는 이상적으로 여기는 열반으로서 생사에 머무르지 않고 열반에도 머무르지 않는 불보살의 상태를 뜻합니다.

그렇다면 보살이 어떻게 수행해야 열반의 경지에 들 수 있을까요?《법구경》에서는 말했습니다.

온화한 마음으로써 성냄을 이기고, 착한 일로써 악을 이기고,
베푸는 일로써 인색함을 이기고, 진실로써 거짓을 이겨라.

결국 열반이란 특별한 경지를 뜻하는 것이 아니라 지금 이 순간 불보살로서 살아가는 것, 그 자체라고 보는 것입니다.

수행자의 목적은 열반이고, 그것에 이르기 위해서는 참된 진리에 눈뜨는 것이 중요합니다. 진리를 구할 때 가장 큰 적은 탐·진·치입니다. 삼독심으로 인해 중생과 수행자는 진리로 향하는 길을 찾지 못하고 헤매고 있으며, 행복으로 가는 궁극적인 길마저 붕괴시키기도 합니다.

불교는 수행을 통해 진리를 구하는 자력 종교이자 실천 종교라고 했습니다. 이것은 우리의 삶에도 적용되는 이치입니다. 열반을 다른 곳에서 찾지 마십시오. 지금 이 순간, 생사 한가운데 있음을 자각해야 합니다.

42.

윤회와 열반에는 어떠한 차이도 없으며, 열반과 윤회에도 어떠한 차이가 없음을 명심하겠나이다.

　윤회란 중생이 죽은 뒤 그 업에 따라서 다른 세계에 태어난다는 불교관입니다. 생명이 있는 것들은 여섯 세계에 번갈아 태어나 죽음으로 간다는 관점으로서 이를 '육도윤회 사상'이라고 합니다.

　망자가 죽어서 가게 되는 곳 중 가장 좋지 못한 곳을 삼악도三惡道라고 하는데, 지옥도, 아귀도, 축생도를 말합니다. 가장 좋은 곳을 삼선도三善道라고 하는데, 아수라도 또는 수라도, 인간도, 천상도를 말합니다. 여기에 삼계三界인 욕계, 색계, 무색계를 더하여 '삼계육도'라고 합니다. 육도를 육취六趣라고도 하는데, 이때 삼악도는 악취惡趣, 삼선도는 선취善趣라고 부릅니다.

중생은 집착과 악업으로 인해 해탈하지 못하고 육도를 윤회합니다. 자기가 지은 업보에 따라 이를 '윤회전생'한다고 말하지요. 그런데 육도윤회 사상은 절대적이지 않습니다. 수명이 다하고 업이 다하면 지옥에서 다시 인간도로, 천상에서 아귀도로 몸을 바꾸어 태어난다고 하지요.

이것은 철저하게 우리가 지은 대로 받는다는 자업자득自業自得에 기초를 두고 있습니다. 착한 일을 하면 좋은 과보를 받고, 악한 일을 하면 나쁜 과보를 받는 '선인선과 악인악과'를 따르며, 이는 개인의 책임이라고 할 수 있지요.

하지만 중생과 부처는 한 생각 차이에 있다고 했듯이, 윤회와 열반도 한 생각 차이에 있음을 자각해야 합니다. 우리가 바른 생각을 가지고 선을 행하면 곧 부처가 되고, 우리가 나쁜 생각을 가지고 악을 행하면 곧 업을 지닌 중생이 된다는 의미입니다. 그러므로 우리는 언제나 바른 생각으로 선을 실천해 깨달음을 얻고 윤회를 벗어나야 합니다.

43.

보살도를 구하는 나는 탐욕을 버리고 중생을 제도하겠나이다.

《화엄경》 입법계품에서 선재동자는 보살도를 구하기 위해 53인의 선지식을 친견하러 구법순례를 떠납니다. 여기서 보살도란 보살이 성불하기 위해 도를 구하는 것을 말합니다.

보현보살은 선재동자에게 말하기를, 보살도를 구하려면 열 가지 서원을 세워 이를 실천해야 한다고 했습니다. 다음은 보현보살의 10대 행원입니다.

- 모든 부처님께 예배하고 공경하겠습니다.
- 모든 부처님을 찬양하겠습니다.
- 널리 공양하겠습니다.
- 업장을 참회하겠습니다.

- 남이 짓는 공덕과 공양을 기뻐하겠습니다.

- 설법해주시기를 청하겠습니다.

- 부처님께서 이 세상에 오래 계시기를 청하겠습니다.

- 항상 부처님을 따라 배우겠습니다.

- 항상 중생의 뜻을 순순히 따르겠습니다.

- 내가 지은 공덕을 널리 중생에게 회향하겠습니다.

이 기도문은 보살이 열 가지 서원을 세우고 보살도를 구하려면 가장 먼저 탐욕을 버려야 모든 중생을 제도할 수 있다는 가르침을 줍니다.

44.

보살도를 구하는 나는
진흙 속에 피는 연꽃같이
세속에 있으면서도
세속에 속박되지 않겠나이다.

보살은 '연꽃처럼' 살아야 한다고 말합니다. 연꽃은 더러운 진흙 속에서도 꽃을 피우는 불교의 상징적인 꽃이지요. 《증일아함경》을 보면 이런 구절이 있습니다.

연못에 핀 연꽃은 진흙 속에 살면서 진흙의 더러움에 물들지 않는다.

우리가 사는 세상은 깨끗함, 혼탁함, 더러움이 공존하는 곳입니다. 이 어지러운 세상을 살아가려면 반드시 필요한 것이 있습니다. 자기 자신을 똑바로 볼 수 있는 '정견'입니다.

바른 견해를 가진다는 것은 어떠한 고난과 어려움, 유혹에도 흔들리지 않게 하는 버팀목이 됩니다. 이것은 마치 연꽃이 진흙 속에서 꽃을 피우지만 더러움에 결코 물들지 않는 것과 같습니다.

여기에서 진흙은 세상에 비유할 수 있습니다. 보살은 세상의 혼탁함에 물들지 않고 연꽃처럼 청정하게 살면서 중생을 제도해야 한다는 것을 우리에게 일깨웁니다.

45.

반야의 보리심을 일으켜
육바라밀을 닦아 마침내
아뇩다라삼먁삼보리를 얻겠나이다.

'반야'는 지혜로서 불교가 추구하는 기본 정신이며, '보리심'은 깨달음을 구하는 마음입니다. 반야의 보리심을 일으킨다는 것은 곧 지혜로 깨달음의 마음을 일으킨다는 뜻입니다. 불교에서는 발심發心이라고도 하지요.

또한 반야는 인간이 진실한 생명을 깨달을 때 나타나는 근원적 물음입니다. 즉, 분별하지 않고 얻는 지혜를 가리킵니다. 다른 말로 '무분별지無分別智'라고 하며, 이는 대승불교의 핵심 사상이지요.

대승불교에서 반야는 법의 진리에 대한 자각입니다. 보살이 부처가 되기 위해서 부처님의 법을 바르게 받아들이고 육바라밀을 실천하여 마지막으로 지혜를 증득, 만물의 진리를 꿰뚫어보는 궁극의 바라밀이 곧 반야입니다.

특히 《반야심경》과 《금강경》에서는 반야를 공 사상으로 인식하고 있는데, 그 공을 인식한 자만이 성불할 수 있다고 했지요. 이 기도문은 발심한 보살이 성불하기 위해서는 육바라밀을 닦아야만 최상의 깨달음인 아뇩다라삼먁삼보리를 얻을 수 있다는 가르침입니다.

46.

보시를 행하면서 선행에 집착하지도 않고
공덕의 대가도 생각하지 않는
보시바라밀을 닦겠나이다.

보시는 육바라밀 중에서 가장 먼저 실천하는 덕목입니다. 《아함경》에 따르면, 부처님께서 기원정사에 계실 때 제자들에게 말씀하셨습니다.

세상에는 두 종류의 보시가 있다. 첫째는 법으로써 널리 베푸는 것이요, 둘째는 재물로써 널리 베푸는 것이다. 모든 베풂 가운데서 가장 훌륭한 보시는 바로 법보시이다.

보시를 크게 나누면 '무주상보시無住相布施'와 '유주상보시有住相布施'가 있습니다. 무주상보시는 집착 없이 베푸는 것을 의미하는데, 온전한 자비로서 '내가 누군가에게 무엇을 베풀었다'는 자만심 없이 돕는 것을 말하지요. 이와 달리 유주상보시는 내가 베풀었다는 생각을 하고 돕기 때문에 진정한 보시로 볼 수 없습니다.

내가 베풀었다는 의식은 집착을 남기고, 궁극적으로 깨달음에 이르는 보시가 되지 못합니다. 그런 까닭에 대승불교에서는 허공처럼 맑은 마음으로 베푸는 무주상보시를 강조하고 있습니다.

무주상보시는 고려 중기에 보조국사가 《아함경》을 중요시한 뒤부터 일반화되었습니다. 조선 중기에 서산대사는 말했습니다.

나와 남이 둘이 아닌 한 몸이라고 보는 데서부터 무주상보시가 이루어지며, 이러한 보시를 실천하기 위해서는 맨손으로 왔다가 맨손으로 가는 것이 우리 인생의 살림살이라는 것을 알아야 한다.

가난한 이에게는 분수대로 나누어주고, 마음이 가난한 자에게는 진리의 말씀으로써 용기와 올바른 길을 제시하여, 중생들이 평안을 누릴 수 있게 하는 것. 이것이 무주상보시의 시작입니다.

47.

불자로서 지켜야 할
계와 율을 바르게 행하는
지계바라밀을 닦겠나이다.

지계는 육바라밀의 두 번째 덕목입니다. 출가자가 계율을 몸에 지녀 자발적으로 지키는 것을 말하지요. 진정한 지계는 단순히 계율을 지키는 것만이 아니라 모든 행동이 이미 계율을 뛰어넘는 단계라고 할 수 있습니다.

계율은 부처님께서 주창하신 불법이 오랫동안 전해지도록 하기 위해 만들어진 것으로서 대표적인 경전이 《범망경》, 《사분율》입니다. 여기에는 우바새優婆塞오계와 사미沙彌십계, 팔관재계八關齋戒, 십중대계十重大戒 등 수행자들이 지켜야 할 계율들이 언급되어 있습니다. 《사분율》을 보면 부처님께서 계율을 정한 까닭에 대해 열 가지로 자세하게 나와 있습니다.

계율을 몸으로 지키는 것은 첫째 교단의 질서를 잡기 위해서이며, 둘째 대중을 기쁘게 하기 위해서이며, 셋째 대중을 안락하게 하기 위해서이며, 넷째 아직 믿음이 없는 이에게 믿음을 가지게 하기 위해서이며, 다섯째 이미 믿음을 가진 이에게 믿음을 더욱 돈독하게 하기 위해서이며, 여섯째 이미 지니고 있는 믿음을 더욱 굳게 하기 위해서이며, 일곱째 다루기 어려운 이를 잘 다루기 위해서이며, 여덟째 부끄러운 줄 알고 참회하는 이를 안락하게 하기 위해서이며, 아홉째 지금 저지른 실수를 없애기 위해서이며, 열째 미래의 실수를 막아 바른 법을 오래 지니게 하기 위해서이다.

불자들이 지켜야 할 계율은 오계입니다. 살생하지 말라는 뜻의 불살생不殺生, 도둑질하지 말라는 뜻의 불투도不偸盜, 음행을 저지르지 말라는 뜻의 불사음不邪婬, 거짓말하지 말라는 뜻의 불망어不妄語, 술 마시지 말라는 뜻의 불음주不飮酒가 그것입니다.

수행하는 사람이 계율을 지키지 않으면 마음이 쉽게 흔들려 정진하지 못하기 때문에 만든 것입니다. 그러므로 지계란 나쁜 짓을 하지 않고 착한 일을 행하여 스스로 그 마음을 청정히 하라는 부처님의 가르침으로서 수행자는 물론 불자들도 반드시 지켜야 합니다.

48.

미움은 미움으로 사라지지 않고
오직 참음과 자비로 극복됨을 아는
인욕바라밀을 닦겠나이다.

인욕은 육바라밀의 세 번째 덕목으로, 욕망이나 화를 참아내는 수행을 뜻합니다. 인욕을 단순히 참는 것이라고 생각하기 쉽지만, 불교에서는 고차원적인 의미를 지니고 있습니다. 즉, 욕됨을 용서한다는 뜻에서 나아가 타인의 고통까지 기꺼이 받아낸다는 뜻도 가지고 있습니다.

희로애락의 즐거움을 추구하지 않고, 어떤 상황에서도 부동의 경지에 있음을 말합니다. 부처님의 인욕 사상은 《금강경》의 여리실견분如理實見分에서 그 중요성이 잘 드러납니다.

수보리야, 인욕바라밀을 여래는 인욕바라밀이 아니라고 하노니 무슨 까닭인가. 수보리야, 내가 옛날에 가리왕에게 몸을 갈기갈기

찢길 때에 아상我相도 없고 인상人相도 없으며 중생상衆生相도 없고 수자상壽者相도 없었느니라. 그 까닭이 무엇인가. 내가 옛날에 마디마디 몸이 찢길 때에 아상·인상·중생상·수자상이 있었더라면 성을 내어 원망하였을 것이기 때문이니라.

배경이 되는 이야기는 다음과 같습니다.

옛날에 가리왕이 궁녀들을 거느리고 사냥을 나갔다가 식곤증으로 인해 잠들었다 깨었는데, 궁녀들이 보이지 않았습니다. 그 때 궁녀들이 수행 중인 인욕선인에게 꽃을 바치고 절하는 광경을 보고 질투심이 일다 못해 화가 났지요. 가리왕이 인욕선인에게 다가가 물었습니다.

"너는 무엇을 하는 사람인가?"

"인욕 수행을 하는 사람입니다."

"인욕 수행을 하는 이라면 참는 공부를 얼마나 잘하는지 한번 시험해보자."

가리왕은 칼로 선인의 한쪽 팔을 내려쳤습니다. 그런데도 선인이 전혀 대응하지 않자 가리왕은 화가 나서 한쪽 팔마저 잘라버렸습니다. 그가 이번에도 요지부동하지 않자 두 다리마저 잘라버렸습니다. 선인이 끝까지 꼼짝하지 않고 있으니 결국 목을 잘라 죽게 했습니다.

그 순간 하늘에서 진노하여 가리왕에게 돌비[石雨]를 내리고, 인욕선인의 몸은 원래대로 붙었다고 합니다. 그때서야 가리왕이 깊은 참회를 했다는 것이 바로 인욕의 가르침입니다. 인욕선인은 가리왕의 미움을 미움으로 받아들이지 않고 인내와 자비로써 고통을 극복했던 것이지요.

49.

나약함이 없는 불퇴전의 노력으로
남을 이롭게 하고, 집착함이 없이
선한 법을 증장시키는 정진바라밀을 닦겠나이다.

정진은 육바라밀의 네 번째 덕목입니다. 세속에 물들지 않는 마음으로 부지런히 수행하는 것을 말하지요. 선불교에서 가장 경계하는 것이 게으름과 방일입니다. 이는 참선 수행에서 최대의 적입니다. 정진은 이를 물리치고 무량한 선법禪法을 일으켜 수행을 증장시키는 것을 뜻합니다.

그렇다고 무조건 정진만 해서도 안 됩니다. 내가 하고 있는 공부가 바른 공부인가, 혹은 수행에 어떤 도움이 되는지를 잘 파악해야 합니다.

선불교에서는 정진을 다섯 가지로 나누어 설명하고 있는데, 그 내용은 다음과 같습니다.

- 피갑정진被甲精進: 마치 병사가 갑옷을 입고 적진에 들어가 전투하듯 추호의 공포심 없이 중생을 제도하고 보살행을 실천하는 것을 말합니다.
- 가행정진加行精進: 항상 굳건하고 용감한 자세로써 스스로 정진하는 것을 말합니다.
- 무겁약정진無怯弱精進: 중생제도와 성불을 위해서 항상 진리를 찾고, 그 어떤 일에도 비겁하지 않고 용감하게 정진하는 것을 말합니다.
- 무퇴전정진無退轉精進: 중생에게 진리를 알리거나 봉사할 때 기후 조건이 맞지 않고 몸에 병이 들어도 굴하지 않으며 후퇴하지 않는 정진을 뜻합니다.
- 무희족정진無喜足精進: 작은 선행이라도 소홀히 하지 않고, 선행을 한 뒤에도 만족하지 않으며 더 큰 선행을 위해 노력하는 것을 말합니다.

이처럼 정진은 자신을 위한 수행이자 이타적인 보살행으로서 모든 어떠한 어려움이 있더라도 결코 물러서지 않겠다는 단호한 마음가짐이 필요합니다.

50.

산란한 마음을 가라앉혀 고요히 사색하고, 세계의 실상이 무차별이며 공한 것임을 아는 선정바라밀을 닦겠나이다.

선정은 육바라밀의 다섯 번째 덕목입니다. 마음이 산란해지는 것을 멈추고, 마음을 고요하게 통일시켜서 입정삼매入定三昧에 들어감을 의미하지요.

선정은 부처님 탄생 이전인 고대 인도에서부터 널리 행해진 수행법의 하나입니다. 부처님이 보리수나무 아래서 선정을 통해 깨달음을 얻으신 뒤로 가장 대표적인 수행법이 되었습니다. 요즘은 좌선坐禪 또는 참구參究라고 하며, 인도에서 요가로 통하고 있지요.

수행 좌법은 가부좌를 틀고 두 손바닥이 위를 향하게 하여 각각 다리 위에 올려두는 것입니다. 이때 마음을 괴롭히는 망념과 사념을 완전히 털어내고, 세계의 실상이 곧 차별이 없음을 알고서 공의 이치를 깨달아야 합니다. 선정을 통해 허영심과 차별심을 버리면, 이 세상이 곧 극락이고 마음이 곧 부처임을 알게 됩니다.

한국 선불교에서는 원효대사가 주창한 '구심주법九心住法'을 좌선의 행법으로 채택하고 있습니다. 구심주법은 내면을 닦는 것, 평등함을 닦는 것, 마음의 평정함을 닦는 것, 항상 가까이 머무름을 아는 것, 마음을 순일하게 닦는 것, 마음을 고요하게 하는 것, 마음을 지극히 고요하게 하는 것, 한 가지 마음의 길에 머무는 것, 한결같이 평온한 마음을 유지하는 것입니다.

그런데 구심주를 닦기 전에 가져야 할 마음 자세가 있습니다. 첫째 몸을 고요한 곳에 머무르게 할 것, 둘째 계를 청정하게 지킬 것, 셋째 의복과 음식에 부족함이 없게 할 것, 넷째 선지식을 찾아서 가르침을 구할 것, 다섯째 모든 인연이 되는 것들을 손에서 놓을 것이라는 조건을 먼저 갖추어야 합니다.

이로써 우리는 외부 세계의 유혹과 쾌락으로부터 어떠한 동요 없이 평화롭고 고요한 마음을 얻게 됩니다. 그 경지가 바로 선정입니다.

51.

일상에 수없이 많은 사량분별을 버리고
절대적 지혜에 이르는
반야바라밀을 닦겠나이다.

지혜는 육바라밀의 여섯 번째 덕목입니다. 보시, 지계, 인욕, 정진, 선정을 닦아서 마지막으로 증득하는 바라밀이지요. 지혜를 얻기 위해서는 진리를 깨치는 데 방해가 되는 마음인 사량분별심思量分別心을 버려야 합니다.

현대사회에서는 지혜를 지식의 한 측면으로 보기도 하지만, 불교에서는 지혜를 깨달음에서 얻어지는 어떤 경지로 보기 때문에 지식과는 엄격하게 구분합니다. 지혜란 한순간에 얻어지는 것이 아니라 수없는 생을 반복한 수행을 통해 증득되기 때문이지요.

석가모니 부처님께서 전생에 보살로 있다가 치열한 수행 끝에 지혜를 증득하여 마침내 성자가 되신 것과 같은 이치입니다. 그러므로 사물의 도리나 선악을 분별하지 않는 마음의 작용이 바로 '공의 지혜'이며, '사로잡힘이 없는 세계'가 곧 지혜라고 할 수 있습니다. 지혜란 진리 그 자체를 밝히는 힘이며, 나아가 불생불멸不生不滅의 진리와 인과응보의 이치를 깨달아 생사해탈을 얻는 힘입니다.

52.

만법의 근원이 각자 마음에 있으므로
마음법을 알아 일체만법을 깨닫겠나이다.

만법萬法은 이 세상의 모든 법을 지칭하는 것으로서 '일체'는 만법을 강조하는 말입니다. 《대종경》에서는 "세상의 모든 법은 마음 한 가지로 통한다"고 하며, 만법을 세 가지로 정의하고 있습니다.

첫째, 일체만유는 한 가지 체성體性으로 이루어져 있고 그 근원이 만법입니다. 생멸 없는 도와 인과응보의 이치가 상호 바탕이 되어 한 뚜렷한 기틀을 지은 것입니다.

둘째, 만법은 부처님과 같은 성인이 설하신 모든 법을 통칭하는 것입니다. 만유의 모든 법에 통달한 성인은 가히 이 만법들을 주물러서 새로운 법을 만들기도 하고, 오래된 법을 뜯어 고치기도 하지요. 하지만 깨치지 못한 도인은 있는 법을 쓰고 이를 남에게 전달할지언정 스스로 법을 만들거나 고치는 재주가 없습니다.

셋째, 만법은 성리를 전하는 데 사용되었습니다. 《정전》을 보면 "만법이 하나에 돌아갔다고 하나 그것은 어디로 돌아갈 것인가?", "만법과 더불어 짝하지 않는 것은 그 무엇인가?", "만법을 통해서 한 마음을 밝히라 했는데 그 또한 무슨 뜻인가?" 등의 내용이 있습니다.

즉, 원불교나 불교, 성리학적 측면에서 일체만법에 대한 견해는 모두 다르나 분명한 것은 만법이 곧 마음에 있다는 것입니다. 불교에서는 모든 부처님의 법을 통틀어서 일체만법이라 하고, 모든 법은 마음으로 통함을 강조하고 있습니다.

53.

이 세상에 존재하는 모든 것은 허망한 것이요, 오직 마음이 만들어내는 것임을 명심하겠나이다.

《화엄경》의 보살설게품을 보면 "만일 어떤 사람이 삼세일체의 부처를 알고자 한다면 마땅히 법계의 본성을 관하라. 모든 것은 오로지 마음이 지어내는 것이다"라고 되어 있습니다. 즉, 만법의 근원이 마음에 있다는 뜻입니다.

'일체제법一切諸法'은 인식하는 마음이 나타내는 현상이고, 존재의 본체는 오직 마음이 지어내는 것을 말합니다. 모든 것이 마음으로 통찰해 보이는 경계로서 오직 마음을 통해 생명이 충만함을 깨닫는 것이지요. 즉 '일체유심조一切唯心造'인데, 이와 관련된 일화로 가장 많이 회자되는 것이 신라의 고승 원효대사에 얽힌 이야기입니다.

원효대사는 의상대사와 함께 당나라 유학길에 올라 당항성에 이르러 어느 무덤 앞에서 잠을 잤습니다. 잠결에 목이 말라 바가지에 담긴 물을 마셨는데, 다음 날 깨어보니 잠결에 마신 물이 해골에 고인 물이었음을 알게 되었습니다.

　원효대사는 모든 것은 마음이 짓는다는 것을 깨닫고는 그길로 유학을 포기하고 신라로 되돌아왔다고 하지요. 그러므로 일체만법은 곧 마음으로 통함을 명심해야겠습니다.

54.

세상 모든 현상이 마음의 허상이니
한마음이 일어나면 일체법이 일어나고,
한마음이 멸하면 일체법이 멸하는 것을
명심하겠나이다.

일체법一切法이란 우리의 의식으로 인해 형성된 모든 현상을 가리키는데, 크게 유위법有爲法과 무위법無爲法으로 나뉩니다.

유위법은 인식 작용으로 인해 형성된 분별심에 따라 나타나는 모든 현상을 뜻합니다. 본디 인간의 마음은 의식적이든 무의식적이든 은연중에 분별심을 가지고 있습니다. 하지만 이것은 한갓 망념에 불과합니다. 그러므로 유위법은 마음의 허상이 일으키는 헛된 생각이라 할 수 있지요.

이와 달리 무위법은 모든 분별이 끊어진 상태에서 주관에 따라 명료하게 드러나는 현상을 가리킵니다. 실체를 분별하지 않고,

있는 그대로 파악된 현상을 가리키기 때문에 분별과 망상이 일어나지 않는 단계로서 대상의 참모습을 볼 수 있지요. 그러므로 우리는 유위법보다는 진리의 법인 무위법을 증득하기 위해 마음을 잘 다스려야만 합니다.

55.

불성은 일체의 번뇌나 망상이 없고
분별심 없는 마음임을 명심하겠나이다.

불성佛性은 미혹을 벗어나 깨달음을 얻어 부처가 될 수 있는 근본 성품을 말합니다. 불성에 대한 가르침이 담긴 대표적인 경전인 《열반경》에서는 말했습니다.

모든 중생이 부처가 될 성품을 지니고 있으므로 다 같이 성불할 수 있다.

어리석은 중생은 본래 성품을 알지 못하고 미혹에 빠져듭니다. 그러나 불성은 근본적으로 변하지 않기 때문에 차별심과 분별심을 버리면 본래의 불성을 되찾을 수 있습니다. 이것이 오늘날 선불교의 핵심 사상인 '불성 사상'입니다.

누구에게나 두 갈래의 길이 있습니다. 중생의 길과 부처의 길입니다. 그런데 이 길은 한 생각 차이로 갈라진다고 합니다. 좋은 인연과 실천 수행을 통해서 나를 완성하면 그 불성은 어느 날 싹이 터서 자라나 부처의 길로 가게 되지만, 만약 번뇌와 망상에 휘둘리면 중생이 되는 것입니다.

불성은 단지 여래에게만 있는 것이 아니라 모든 중생이 가지고 있으므로 누구나 한 생각에 따라 부처가 될 수 있음을 알아야 합니다.

56.

내가 가진 본래의 불성을 자각하여
부처님과 같은 반야의 지혜로
일상의 모든 일을 대하겠나이다.

중생은 대부분 자신이 부처의 성품을 지니고 있음을 모릅니다. 그리고 영원히 불성을 발견하지 못하고 죽음을 맞이하는 사람이 대부분입니다. 그렇다면 사람들은 왜 자기에게 불성이 있다는 것을 모르고 있을까요?

태어나 성장하면서 생활습관과 사고방식에 따라 알게 모르게 무명과 업장이 두터워지기 때문입니다. 그렇다 해도 불성은 근본적으로 사라지지 않습니다. 다만 어떻게 찾아내느냐가 매우 중요한데, 부처님의 법을 따르거나 홀로 마음공부를 통해 자각할 수 있습니다.

인간은 태어남이 곧 고통이고, 누구나 생로병사의 과정을 겪습니다. 불성을 깨닫지 못하면 죽은 뒤에도 육도를 윤회할 수밖에 없습니다. 그러나 불성이 있음을 자각한 사람은 생로병사로부터 초연해지기 위해 마음을 닦는 수행의 길을 걷게 됩니다. 이것이 곧 출가입니다.

석가모니 부처님께서도 사문유관을 통해 인간의 생로병사를 깨닫고 출가한 뒤 보리수 아래서 성불하여 불성이 있음을 알게 되었지요. 불성은 그냥 깨칠 수 있는 것이 아닙니다. 반야의 지혜를 터득해야만 깨달을 수 있습니다. 마음이 곧 부처임을 아는 '즉심시불卽心是佛'의 이치를 깨달아야 반야의 지혜를 터득하게 되는 것입니다.

57.

자연 그대로인 불성을 깨쳐서
이 자리의 내가 나의 주인이 되겠나이다.

불성은 만들어지는 것이 아니라 본디 우리가 가지고 있는 것이라고 했습니다. 그렇다면 불성을 제대로 깨치려면 어떻게 해야 할까요? 나도 위하고 남도 위하는 자리이타행을 실천하는 보살이 되어야만 합니다.

만약 중생이 발심하여 보리심을 가진 보살이 되면, 세상의 주인공이 바로 나임을 알게 됩니다. 그 후 육바라밀을 행하고 반야를 터득하면 마침내 부처가 됩니다.

그런데 부처의 길로 가는 데는 반드시 필요한 것이 있습니다. 오직 내 마음이 주인공이 되어야 합니다. 옛 선사들이 가는 곳마다 주인이 된다는 뜻의 '수처작주隨處作主'를 강조했던 것도 바로 이 때문입니다.

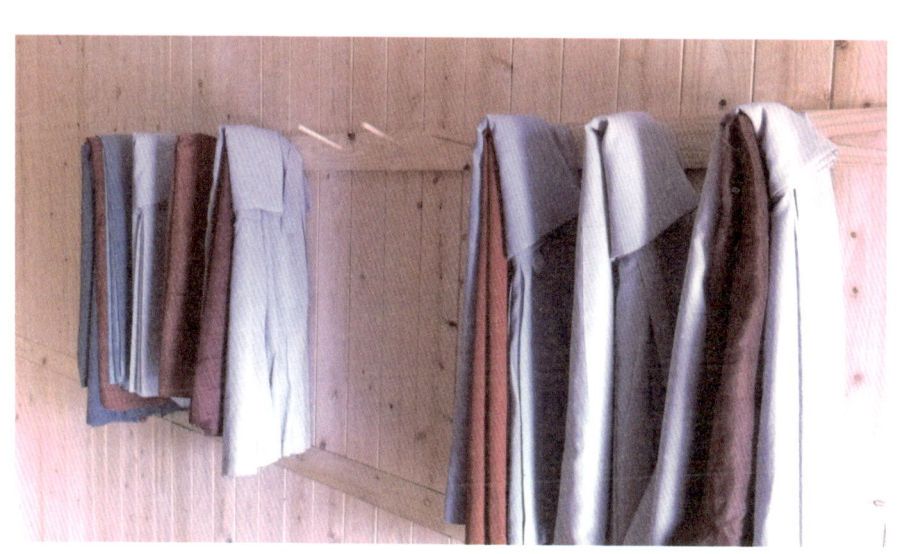

58.

언제나 머무는 곳에 내가 주인이며,
그곳이 바로 극락임을 알겠나이다.

　사람들은 극락을 찾기 위해 여기저기를 헤매지만 극락은 멀리 있는 것이 아닙니다. 우리가 머문 자리, 우리가 하고 있는 일, 우리가 가고 있는 길이 바로 극락입니다. 그런데 이를 깨닫지 못하고 번뇌와 망상에 휘둘리게 되면, 그 자리는 지옥이 되고 맙니다.

　극락은 죽어서 가는 곳이 아니라 지금 우리가 사는 이곳입니다. 번뇌가 쌓이면 지옥이 되고, 기쁨이 쌓이면 극락이 됩니다. 극락과 지옥을 만드는 것은 순전히 나의 마음에 달려 있습니다. 욕심을 부리거나 성을 내거나 죄를 짓는 모든 것이 지옥을 만드는 원인이 됩니다. 모든 번뇌의 그릇인 마음을 깨끗이 씻으세요. 그러면 내가 머문 자리가 곧 극락이 됩니다.

59.

불성은 남이 대신 보여주지도 못하고
기도와 서원만으로 이룰 수가 없음을 알고
내가 직접 수행하여 깨치겠나이다.

《화엄경》에서는 말했습니다.

마음속이 탐욕과 성냄과 어리석음으로 가득한 중생들은 고요하고 안락한 최고의 진리를 알 수가 없다.

여기서 말하는 최고의 진리는 바로 불성입니다. 달마대사의 《관심론》을 보면 "무명의 마음속에는 팔만사천 개의 번뇌와 정욕이 있다. 이 악한 것들은 헤아릴 수 없이 많으며, 모두 탐·진·치의 근본이 된다"고 적혀 있습니다. 이 말은 불성을 스스로 찾는 자만이 성불할 수 있다는 뜻이지요.

불교는 수행하는 종교입니다. 《화엄경》에서 선재동자가 53인의 선지식을 친견하러 가서 보살도와 보살행을 실천한 것도 수행을 통해 성불하기 위해서였습니다. 대승불교에서는 보살이 선재동자와 같은 '수행'을 통해 성불할 수 있다고 정의합니다. 그 누구도 대신해줄 수 없는 것이 수행임을 한시도 잊어선 안 될 것입니다.

60.

내 스스로 부처가 될 수 있는
불성을 구족하였기에,
필시에 성불할 수 있음을
믿고 정진하겠나이다.

세상에는 갈 수 있는 길이 있고, 절벽으로 이어져 도저히 갈 수 없는 길이 있습니다. 하지만 누구나 부처의 씨앗을 지니고 있으므로 서원을 세우고 기도와 수행을 실천하면 성불할 수 있습니다.

우리가 무엇을 할 수 있고, 무엇을 할 수 없는지를 아는 것은 매우 중요한 일입니다. 갈 수 없는 길은 애써 노력해봐야 소용없지만 성불은 그렇지 않습니다. 열심히 수행하면 누구나 부처가 될 수 있다는 믿음을 가져야 합니다.

61.

부처님의 가르침을 믿음은 불도의 근원이며,
공덕을 낳는 어머니임을 알아
의심 없이 믿겠나이다.

《화엄경》의 현수품에서 말했습니다.

믿음은 도의 근원이며 공덕의 어머니요, 온갖 좋은 일들을 길러 낸다. 의심의 그물을 끊어버리고, 애착의 물결에서 벗어나게 하 며, 열반이라는 최상의 길을 열어 보인다.

종교에서 믿음은 매우 중요합니다. 종교는 절대자에 대한 믿음 이 밑바탕이 되어야 하는데, 불교에서는 그분이 바로 석가모니 부처님입니다. 석가모니 부처님에 대한 믿음은 곧 불도의 근원 이라 할 수 있습니다.

믿음이 전제가 되지 않고서는 공덕이 쌓이지 않습니다. 믿음이 공덕의 어머니임을 의심하지 않는 것이 매우 중요하지요. 《대열 반경》을 보면 부처님께서 하신 말씀이 이를 잘 보여줍니다.

어떤 사람이 변소에 빠졌다. 누군가 그를 보았을 때 손을 내민 다면 그를 구할 수 있다. 그러나 빠진 사람이 손을 내밀 생각을 하지 않으면 결코 구해낼 수 없다. 나 또한 그러했다. 선성 비구가 지닌 선근善根을 보고 종일 그를 구제할 방법을 찾았지만, 부처인 나에게 그는 손을 내밀지 않았다. 때문에 그를 지옥에서 건져낼 수 없었다.

선성 비구는 왜 지옥에 떨어져서도 부처님께 손을 내밀지 않았 을까요? 그 이유는 부처님에 대한 믿음이 없었기 때문입니다. 아무리 불심이 깊다고 하더라도 믿음이 바탕이 되지 않으면 아무 소용이 없습니다.

62.

부처님의 가르침은
진리의 세계로 가는 길임을 확신하고
주저하고 머뭇거림이 없이
수행하겠나이다.

인간이 욕망을 절제하지 못하면 비극이 생깁니다. 또한 욕망은 행복으로 가는 길을 막는 장애물이 되기도 하지요. 부처님께서는 이를 경계하고자 설법을 통해 우리를 깨달음으로 인도하셨습니다.

그러나 사람들은 부처님의 가르침이 진리의 세계로 가는 길임을 받아들이지 못한 채 항상 번뇌와 망상에 휩싸여 헤매고 있습니다.

부처님께서는 중도 사상을 통해 깨달음을 얻으셨습니다. 즉, 중도의 눈과 마음으로 세상을 바라보셨지요. 불교에서는 사물의 근본은 둘이 아닌 하나라는 '불이不二'의 관점으로 세상을 바라보고 있습니다.

현실 세계의 모든 것이 서로 대립하는 것처럼 보여도 사실은 모두 고정되고 독립된 실체가 있는 것이 아닙니다. 선과 악도 둘이 아니라 하나이며, 사랑과 미움도 둘이 아니라 하나입니다.

그러므로 부처님의 중도를 마음으로 보면 곧 성불의 길이 열립니다. 모든 죄악은 집착에서 오기 때문에 중도의 마음을 가진다면 그로 인한 집착을 끊을 수가 있습니다.

63.

지식으로 알고 있던 부처님 가르침을
수행과 체험으로 확신을 얻어
몸으로 갈고 닦아 나의 것으로
익히겠나이다.

삼법인, 고집멸도, 팔정도, 십이인연법, 육바라밀 등 부처님께서 중생에게 주신 가르침은 실로 넓고 깊습니다. 결국 '나'라는 관념이나 생각에서 벗어나 모든 만물에 자비심을 가지라는 뜻이지요. 이러한 가르침을 그저 지식으로만 알고 실천하지 않는다면 아무런 소용이 없습니다. 우리가 스스로 수행하고 체험하여 이를 내 것으로 만드는 것이 가장 중요합니다.

64.

불법을 닦고 닦아
나와 남이 없는 동체대비를 이루고
대립적인 차별심을 모두 없이 해
무심으로 일체 사물을 대하겠나이다.

'동체대비同體大悲'란 불자들이 불법을 닦아서 자신과 중생이 둘이 아니라 하나임을 깨닫고 만물에 큰 자비심을 일으키는 것을 뜻합니다. 부처님께서는 항상 자비를 베풀어 중생을 극락정토에 다시 태어나게 하셨기 때문에 그것은 아미타 부처님의 자비심과 본질을 같이한다는 뜻에서 동체대비라고도 합니다.

이를 위해서 우리가 제일 먼저 버려야 할 마음은 바로 분별심과 차별심입니다. 불자들은 중생과 만물을 모든 분별이 끊어져 집착하지 않는 마음 상태인 '무심無心'의 경지로 이끌어야 합니다.

65.

인연 따라 배운 것은 인연 따라 사라지니
남의 부처 보지 않고 나의 부처 찾겠나이다.

《전등록》을 보면 '즉심시불'이라는 경구가 있습니다. 마음이 곧 부처이며 마음 밖에 따로 부처가 없다는 뜻이지요. 마음을 떠나서는 따로 부처를 구할 수 없다는 말과도 같습니다. 이 말은 곧 마음이 우주의 창조자이며, 마음속에 든 진리를 깨치면 부처가 됨을 알 수 있습니다.

인연 따라 배운 것은 인연 따라 사라집니다. 하지만 내 마음 안에 있는 부처를 찾는 일은 부처님께서 이 세상에 오신 일대 목적인 '일대사인연—大事因緣'입니다. 따라서 타인의 부처를 보는 것보다 내 마음속에 있는 부처를 찾는 것이 더 중요합니다.

66.

선한 일에 좋은 과보 따르고
악한 일에 나쁜 과보 따름을
명심하겠나이다.

선한 일을 많이 하면 좋은 과보를 받게 되고, 악한 일을 많이 하면 나쁜 과보가 따르는 것은 당연한 이치입니다. 그런데 어떤 중생은 악한 행위를 저지르고도 행복을 원하고 복을 얻으려고 합니다. 이보다 더한 어리석음은 없지요.

달라이 라마께서는 악한 생각을 가지고 있으면 선한 행위를 하더라도 그것은 악행이고, 선한 생각을 가지고 있으면 악한 행위를 하더라도 그것은 선행이라고 말했습니다. 내 마음이 어떠한 생각을 가지고 있는지가 중요하다는 말이지요. 선한 생각을 하고 있으면 설사 나쁜 일이 생기더라도 언젠가는 좋은 일로 바뀐다는 것을 명심해야 합니다.

67.

불법의 진리는 나와 남이 하나이고
대상과 내가 따로 있는 것이 아님을
명심하겠나이다.

불법의 진리는 나와 중생이 둘이 아니라 하나임을 아는 것이고, 나와 모든 대상이 둘이 아니라 하나임을 아는 것이며, 선과 악 그리고 유와 무가 둘이 아니라 하나임을 아는 것입니다. 불가에서는 이를 '불이 사상'이라고 하지요.

불이는 '나'라고 할 실체가 없다는 무아에서 출발합니다. '나'가 없기 때문에 나라는 관념이나 생각이 없어집니다. 또 자아가 실재한다는 교만도 사라집니다. 이로써 타인을 진심으로 존중하고 사랑하게 됩니다. 나아가 서로 막히거나 대립하는 것 없이 두루 통하는 상태인 원융무애圓融無礙의 경지에 이르게 됩니다.

원효대사는 불이 사상을 화쟁和諍 사상으로 풀이하였습니다.

화쟁이란 '다툼을 화해시킨다'는 뜻으로, 모든 현상의 양면성을 인정하여 상반되는 두 측면을 한 체계 속에서 원만하게 융합시키는 것이지요. 우리나라 불교의 저변에 깔린 핵심 사상이기도 합니다.

68.

자비는 오른손이 다쳤을 때 왼손이 대신하듯
마음 내지 않고 행함을 명심하겠나이다.

"오른손이 하는 일을 왼손이 모르게 하라"는 말이 있습니다. 집착 없이 베푸는 보시가 더 큰 공덕이 있음을 강조하는 말이지요.

불교의 큰 가르침인 '자비'는 넓은 의미로 보면 중생에게 행복을 베풀고 중생의 고뇌를 없애주는 것을 뜻합니다. 자慈는 떨어질 수 없는 깊은 정을 뜻하는데, 이는 특정한 누군가가 아니라 모든 사람에게 골고루 평등한 정을 나누는 것을 의미합니다. 비悲는 중생의 괴로움에 대한 깊은 이해와 연민의 정을 가지는 것을 말합니다.

그래서 부처님께서 가지신 광대한 자비심을 불가에서 '대자대비大慈大悲'라고 하는 것입니다. 중생의 괴로움은 곧 나의 괴로움이라고 해서 이를 다른 말로 '동체대비', '무개대비無蓋大悲'라고도 하지요.

《열반경》과 《대지도론》에서는 자비심을 크게 세 가지로 나누고 있습니다. 중생을 대상으로 하는 중생연자비衆生緣慈悲, 모든 존재를 대상으로 하여 일으키는 법연자비法緣慈悲, 대상 없이 일으키는 무연자비無緣慈悲입니다. 무연자비는 공적으로부터 자유롭기 때문에 최상의 자비이자 여래의 자비라고도 합니다.

69.

제가 일체중생을
열반에 들게 도왔다 하더라도
도왔다는 생각과 열반이란 생각마저도
내지 않겠나이다.

열반이란 앞서 언급했듯이 진리를 깨닫기 위해 미혹과 집착을 끊고 모든 속박에서 벗어난 최고의 경지를 뜻합니다. 고승이 세상을 떠났을 때도 열반이라고 하지요.

불가에서는 우리가 누군가에게 깨달음을 얻도록 도움을 주었다고 하더라도 그 또한 수행의 한 측면으로 보고, 도왔다는 생각마저 내지 말라고 합니다. 이 또한 집착 없이 베푸는 '무주상보시'라 할 수 있습니다. 그래야만 우리의 몸과 마음을 조절하여 온갖 악행을 다스릴 수 있습니다.

70.

제가 보시할 때 색성향미촉법,
일체의 선입견 없이 보시하겠나이다.

　인간의 몸은 눈[眼]·귀[耳]·코[鼻]·혀[舌]·몸[身]·뜻[意]의 육근으로 이루어져 있습니다. 이것들은 각각 집착을 일으키는데, 이 육근이 작용하는 것을 가리켜 육경六境이라 하고, 이로 인해서 일어나는 여섯 가지 느낌을 육식六識이라고 합니다. 그리고 이 육근으로 지은 업장을 뉘우치는 것을 '육근참회六根懺悔'라고 하지요.

　그중 색성향미촉법色聲香味觸法은 육근에서 작용하는 여섯 가지 현상, 즉 육경을 뜻합니다. 모양, 소리, 향기, 맛, 촉감, 생각을 가리키지요.

　《금강경》에서 말했습니다.

마땅히 색에 머물러서 마음을 내지 말고, 색성향미촉법에 머물러서도 마음을 내지 말며, 머문 바 없는 그 마음을 내어라.

보시할 때는 육경과 육식에 이끌려 하지 말고 오직 마음으로 보시하라는 뜻입니다. 이 기도문은 대가를 바라지 말고 마음이 가는 대로 보시를 실천하라는 깊은 가르침이 담겨 있습니다.

71.

제가 보시할 때 보시한다는 생각과 아상, 인상, 중생상, 수자상, 법상에 머물지 않고 평등한 마음으로 보시하겠나이다.

보시할 때는 아상, 인상, 중생상, 수자상의 사상四相과 법상法相을 버려야 합니다.

아상이란 나라는 존재를 영원한 실체라 생각하고 그것에 집착하며, 지식·학문·지위·재산 따위를 내세우거나 남을 멸시하고 잘난 체하는 것을 말합니다.

인상은 세상의 만물 중에서 가장 중요한 것은 사람이며, 다른 중생들과 차별하고 분별하는 상으로서 '너는 너, 나는 나'라는 개념이라 할 수 있습니다.

중생상이란 부처와 중생을 분별하여 자기를 나약한 존재로 보고 자신은 부처가 될 수 없다고 어리석게 생각하는 것을 말합니다.

수자상이란 오래 살고 싶다고 생각하는 상을 말합니다. 생명이란 태어났다 사라진다는 진리를 망각하고, 오직 자기만 오래 살기 위해 만물을 배척하는 것을 뜻합니다.

이 네 가지를 《금강경》에서는 사상이라고 합니다. 법상은 불법佛法에 대해서 많은 지식을 알고 있다는 상을 말합니다. 이 기도문은 이러한 상을 가지고 보시하면 제대로 된 공덕을 쌓을 수 없다는 가르침을 줍니다.

72.

진실로 여래를 보기 위해
모든 상이 다 허망함을 알고
법상까지도 모두 버리겠나이다.

여래란 '변함이 없는 성자'라는 뜻입니다. 범어로는 '타타아가타tatha-gata'라고 합니다. 타타아는 '사물의 있는 그대로의 모습'을 뜻하고, 가타gata는 '가다', 아가타agata는 '도달하다', '오다'라는 뜻이 포함되어 있습니다. 즉, 여래란 석가모니 부처님과 같이 열반에 이른 성자, 진리를 이룬 성자라는 뜻입니다.

원시 불교에서도 석가모니 부처님을 '여래'라고 표현했습니다. 오늘날에는 부처님과 여래를 구별하지 않으며 아미타불, 약사불 등도 여래라고 부릅니다.

이 기도문은 불자들이 진실로 여래인 부처를 보기 위해서는 자신이 지니고 있는 상이 모두 허망함을 알고 그것을 버려야 한다는 가르침을 줍니다.

73.

언제나 형상에 이끌리어 마음을 쓰지 않고, 머문 바 없이 청정한 마음을 내겠나이다.

'응무소주이생기심應無所住而生其心'은 머무는 바 없이 그 마음을 내라는 뜻입니다. 즉, 보시할 때는 집착 없이 마음 가는 대로 행하라는 말이지요. 이를 '비심非心' 또는 '무주심無住心'이라고 합니다. 중국의 육조 혜능대사는 나무를 하는 중에 《금강경》의 이 한 구절을 듣고 출가하여 깨달음을 얻었다고 하지요.

'응무소주이생기심'은 아무런 시비가 없는 공한 청정심으로 모든 경계를 대하라는 깊은 뜻이 있습니다. 우리의 마음은 늘 아름답고 추함, 좋고 나쁨, 죄가 있고 없음, 중생과 부처, 지옥과 천당 등으로 나누는 차별심과 분별심이 작용하고 있습니다.

차별심과 분별심은 우리의 편견과 고정관념이 만드는 것이므로 이것을 버리고 본성으로써 사물을 보라는 가르침입니다. 그래야만 불교의 궁극적인 목표인 지혜를 증득할 수 있고, 나아가 깨달음을 얻을 수 있습니다.

74.

눈으로 보이는 상이 다 헛것임을 알아
그것이 바로 실상인 줄
명심하겠나이다.

우리가 알고 있는 만물의 현상이나 모든 법은 한낱 꿈이고 환상이며 물거품과 같습니다. 우리 눈에 보이는 현상이 다 꿈에 지나지 않고 헛것임을 아는 것이 곧 실상實相입니다.

인간은 눈에 보이는 사리사욕에만 집착하기 때문에 자신이 가진 본성을 제대로 볼 수가 없습니다. 하지만 모든 것이 부질없음을 깨달으면, 욕심과 성냄 그리고 어리석음이 곧 사라지게 되겠지요. 우리가 알고 있는 모든 법과 지식, 재물이 허망하다는 것을 깨달아야 마침내 성불할 수 있습니다. 이 기도문은 그에 대한 가르침입니다.

75.

상이라 하는 것도 진실한 상이 아니며, 중생이라는 것도 중생이 아니라 그 이름이 상이요, 중생임을 알겠나이다.

우리가 상이라 하는 것은 진실한 상이 아닙니다. 중생이라는 것도 그 이름만 중생이지 중생이 아니요, 부처라는 것도 그 이름이 부처이지 부처가 아니라는 것이지요. 눈에 보이는 상으로 모든 것을 판단하지 말라는 깊은 뜻이 담겨 있습니다.

중생은 늘 잘못된 생각에 집착합니다. 어떤 이가 '나는 능력이 없는데 어찌 이런 일을 하겠는가?'라는 열등감에 사로잡혀 중생觀衆生觀에서 헤어나지 못하고 보살이나 부처로 나아가지 못한다고 합시다. 이와 반대로 어떤 이는 부처의 경지에 이를 정도로 공부가 되었다는 과대망상에 휩싸여 있다고 합시다. 둘 다 진실한 상을 가지지 못한 결과입니다. 수행하는 사람은 '내가 중생이다, 내가 부처다'라는 상조차 버려야 합니다.

76.

제가 불법을 공부해
아뇩다라삼먁삼보리를 이루어
중생을 다 제도하겠나이다.

수행자나 재가자가 궁극적으로 도달해야 할 목표는 최상의 깨달음인 아뇩다라삼먁삼보리입니다. 그런데 깨달음에서 가장 중요한 것은 바로 '소승적 관점'인가, 아니면 '대승적 관점'인가 하는 것입니다.

소승불교는 자기 혼자서만 깨달음에 도달하기 위해 수행하는 것을 말하고, 대승불교는 스스로 깨달아서 모든 중생을 제도하는 것을 말합니다. 쉽게 말하면 '깨달음을 이루기 위해 자가용을 타고 홀로 깨달음이라는 목적지로 가느냐?' 또는 '깨달음을 이루기 위해 버스를 타고 여러 사람과 함께 가느냐?'입니다.

대승불교에서는 보살을 강조합니다. 나도 깨닫고 남도 깨닫게 하는 것을 말하지요. 즉, 내가 불법을 공부해 아뇩다라삼먁삼보리를 이루어 중생을 제도하겠다는 것은 열심히 공부하여 보살이 되어 중생을 제도하겠다는 뜻도 포함됩니다.

깨달음을 구하기 전에 먼저 서원을 세우는 것이 중요합니다. 서원은 간절한 마음으로 맹세하는 것인데, 대승불교에서는 모든 중생이 깨달음을 얻어 불보살이 되기 위해 간절히 맹세하고 서원을 세우는 것을 말하지요. 중생을 제도하겠다는 서원 없이 수행하는 것은 호미 없이 밭을 갈겠다는 것과 다를 바 없습니다.

이때 중요한 것은 무아입니다. 즉, 나를 벗어나는 공심空心을 가져야만 합니다. 텅 빈 마음으로 삼독심과 오욕락五欲樂을 버린 무주심이 전제가 되어야 합니다. 이것이 바로 우리가 불법에 귀의하는 이유입니다.

77.

중생을 다 제도한 뒤에도
중생이라든지 제도했다는 생각을
버리겠나이다.

보살은 중생을 제도하되 중생을 제도했다는 생각마저 버려야 합니다. 중생을 제도했다는 생각은 《금강경》에서 아상에 해당합니다. 내가 잘났다는 아만심의 발로이기 때문입니다. 만약 보살이 그러한 생각을 가지고 중생을 제도한다면 이것은 다시 중생으로 돌아가는 것에 지나지 않습니다.

부처님께서는 49년 동안 많은 설법을 하셨지만, 《금강경》에서 "한 법도 설한 바가 없다"고 하셨습니다. 이 말씀도 바로 아상을 버리라는 가르침입니다. 또 부처님께서는 많은 중생을 제도하였으나 "한 중생도 제도한 바가 없다"고 하셨습니다. 중생을 제도한 뒤에도 중생을 제도했다는 생각을 버리는 것이 진정한 보살의 길입니다.

78.

일체법에 아상, 인상,
중생상, 수자상, 법상이 없음을
알겠나이다.

　일체법이란 우리의 육근에 인식되어 일어나는 모든 현상을 말합니다. 부처님께서 설하시는 모든 진리의 가르침을 일체법이라고 하지요. 이 기도문은 아상, 인상, 중생상, 수자상을 버려야만 깨달음의 경지에 들어갈 수 있다는 가르침을 줍니다.

79.

마음은 지나간 마음, 현재의 마음,
미래의 마음이 없고
오직 지금뿐임을 알겠나이다.

불가에서는 시간을 구분할 때 과거, 현재, 미래 또는 과거세, 현세, 내세라고 말합니다. 인간은 누구나 과거와 현재의 업장을 지니고 있습니다. 현세에 복을 짓고 공덕을 쌓아 과거세의 업장을 지우고 내세에는 극락왕생하라는 것이 불교의 가르침이지요. 《금강경》에서는 말했습니다.

과거의 마음도 없고, 현재의 마음도, 미래의 마음도 없다.

과거는 이미 지나갔고 미래는 오지 않았으며, 현재의 마음은 붙잡을 수 없으므로 지금 이 순간이 매우 중요하다는 가르침입니다.

80.
여래는 형상이 없으니
온다거나 간다거나 하는 바가 없음을
알겠나이다.

《금강경》의 핵심 사상을 간략한 형식으로 요약한 사구게에 이런 말씀이 있습니다.

형상이 있는 것은 모두 허망하니, 모든 형상이 본래 형상이 아닌 줄을 알면, 곧 진실한 모습을 보게 된다.

부처님께서는 형상으로 여래를 볼 수 없다고 말씀하셨습니다. 여래조차 우리가 만들어낸 육신이요, 형상에 지나지 않기 때문에 이 세상에서 형상 있는 모든 것은 실질적인 존재가 아니고 영원불멸하지 않습니다. 결국 물거품, 바람, 안개처럼 허망하게 사라지는 허깨비에 불과하지요.

세상에 영원한 존재라는 것은 없습니다. 눈에 보이는 것은 모두 일시적인 현상일 뿐, 참모습이 아님을 깨달아야 합니다. 이에 대한 집착을 끊어버리면 누구나 부처와 같은 지혜광명을 얻게 됩니다.

81.

일체 모든 법이 꿈이요, 환상이요,
물거품임을 알겠나이다.

《금강경》사구게에 있는 말씀입니다.

모든 만들어진 법은 꿈과 같고, 환상과 같고, 물거품과 같고, 그림자와 같으며, 이슬과 같고, 또한 번개와 같으니 마땅히 이와 같이 바라볼지니라.

부처님께서 수보리에게 들려주는 이 금강석과 같은 진리의 말씀은 불자들이 평생 가슴에 지니고 살아야 할 보석이라 할 수 있습니다. 부처님께서 설법하신 팔만대장경을 사구게의 이 한 구절로 압축할 수 있는데, 우리들에게 참으로 많은 깨우침을 주는 말씀입니다.

82.

일체 모든 법이
그림자요, 이슬 같고,
또 번갯불 같음을 알겠나이다.

이 기도문은 《금강경》 사구게에서 "여로역여전如露亦如電"에 해당하는 구절입니다. 만약 우리가 모든 법이 그림자이고 이슬이고 번개와 같다는 것을 안다면, 욕심도 사라질 것이고 성냄도 사라질 것입니다. 그로 인해서 어리석음도 사라지게 되어 마침내 반야의 지혜를 얻을 수 있겠지요. 우리가 선지식을 찾는 것도 궁극적으로는 반야의 지혜를 얻기 위함입니다.

83.

아득한 과거부터 제가 지은 모든 악업,
몸과 말과 생각으로 지었기에
내 이제 모든 죄업 남김 없이 참회하옵니다.

불가에서 말하는 업이란 무엇일까요? 업은 꼭 나쁜 것만을 뜻하지 않습니다. 우리가 아침에 일어나서 몸과 입과 생각으로 행하는 모든 활동을 업이라고 합니다. 물론 선업은 참회할 이유가 없지만, 악업은 반드시 참회하여 자신이 서지른 업으로 인한 장애를 지워야만 합니다.

그런데 출가한 수행자의 관점에서는 선업도 업장의 원인이 된다고 하여 행하지 말라고 합니다. 왜냐하면, 선업을 행한 결과로 인해 또 다른 인연이 만들어져서 그것이 나중에 나쁜 결과로 이어지는 일이 종종 있기 때문입니다. 그렇다고 하더라도 선업은 공덕을 쌓아가는 과정이기 때문에 많으면 많을수록 좋습니다.

84.

나와 남을 가르고,
보이는 것, 들리는 것, 좋다 싫다
분별심 낸 것을 참회하옵니다.

중생과 부처의 차이는 한 생각에 있다고 했습니다. 중생들은 내 것과 네 것을 가르고, 눈으로 보이는 것과 귀로 들리는 것으로 좋고 싫음을 차별하고 분별합니다. 그러다 보면 다툼이 일어나게 마련입니다. 이것이 바로 중생심의 발로입니다.

《화엄경》의 보살명난품에서는 중생에 대해 말했습니다.

중생은 흙, 물, 불, 바람으로 이루어져 있기 때문에 자아의 실체가 없고, 모든 존재의 본성은 선한 것도 악한 것도 아니다. 그런데도 과보를 받는 것은 업에 따른 것이다. 그러나 그 업이라는 것도 실체는 없다. 마치 맑은 거울에 비친 그림자가 여러 가지이듯이 업의 본성도 그와 같다. 종자와 밭이 서로 모르지만 싹이 트듯이 업의 본성도 그와 같다. 많은 새가 저마다 다른 소리를 내듯이 업의 본성도 그와 같다. 지옥의 고통이 외부에서 오는 것이 아니듯이 업의 본성도 그와 같다. 업은 실체가 없지만 일상을 통하여 선악의 업을 쌓으면 그것이 업인業因이 되어 업과業果를 받는다. 다만 선도 악도 아닌 무기업無起業은 과보를 이끄는 힘이 없다.

이 말을 요약하면 무엇일까요? 중생은 흙, 물, 불, 바람으로 이루어져 있기 때문에 죽으면 자연으로 돌아갑니다. 그러니 '나'라고 하는 불변의 실체가 없다는 말입니다. 즉, 나를 내세우지 말라는 뜻이지요. '나'라는 것이 없다면 '나'라는 생각이 지어낸 차별심과 분별심도 사라지는 것입니다. 이 기도문은 이를 참회하라는 가르침을 줍니다.

85.

스스로의 마음을 찾지 못하고
바깥 현상에만 집착한 것을
참회하옵니다.

'색즉시공色卽是空 공즉시색空卽是色'은 《반야심경》의 핵심 경구입니다. 여기서 '색'은 물질적 현상을 가리키고 '공'은 실체가 없음을 뜻합니다. 즉, 색이 공과 다르지 않고 공이 색과 다르지 않으며, 색이 곧 공이요, 공이 곧 색이라는 뜻입니다. 말하자면 중생과 부처, 번뇌와 깨달음, 색과 공을 차별적인 개념으로 이해하기보다 대립과 차별을 넘어서 관조할 것을 강조하는 경구라고 할 수 있습니다.

우리 눈에 보이는 모든 현상이 실제로는 공한데, 우리는 이에 집착하여 진실한 마음을 찾지 못하고 있습니다. 이것은 무엇을 말하려는 것일까요? 바로 중생심입니다. 이 기도문은 이를 참회하여 깨달음에 이르라는 가르침을 줍니다.

86.

나만이 최고라는
아만심으로 생활한 것을
참회하옵니다.

《금강경》의 사상 중에서 가장 많이 강조되는 것이 아상인데, 다른 말로 아만입니다. 이것은 '나'라는 존재가 몸, 느낌, 생각이나 고정관념, 의지나 반응, 앎을 뜻하는 '색수상행식'의 일시적 화합에 지나지 않음에도, 불변하는 자아가 있다는 그릇된 생각에서 일어나는 교만을 가리킵니다. 또한 항상 자기를 높이고 남을 업신여기는 것을 아만이라고 합니다.

주로 자의식이 강한 사람이 아만이 강합니다. 이런 사람들은 여기저기서 다툼을 일으키고 다니지요. 결국에는 좋지 않은 결과로 이어지는 경우가 많으므로 항상 나를 낮추는 하심을 실천해야겠습니다.

87.

내가 무심코 한 말로 인해
남의 가슴을 아프게 한 잘못을
참회하옵니다.

신구의 삼업 중에서 우리가 가장 경계해야 할 것은 바로 입입니다. 무심코 내뱉은 한마디 때문에 다툼이 일어나고, 살의로 번지기도 하지요.

입으로 짓는 업에는 앞서 언급했듯이 이간질하는 말, 남을 화나게 하는 말, 겉만 번드르르하고 실속 없는 말, 망령되고 이치에 맞지 않는 말이 있습니다. "무심코 던진 돌에 개구리가 맞아 죽는다"는 속담처럼, 내가 무심코 던진 말이 타인에게 큰 아픔을 줄 수 있음을 늘 새겨야 합니다.

88.

남의 따뜻한 충고를 받아들이지 않고
내 가치로만 판단한 잘못을
참회하옵니다.

참회란 우리가 과거에 지은 죄업을 뉘우쳐서 부처님 앞에 그 잘못을 고백하고, 다시는 죄업을 저지르지 않겠다고 엄숙히 맹세하는 것을 의미합니다. 여기서 참懺은 죄업을 진심으로 뉘우치는 것을 말하고, 회悔는 앞으로 죄업을 짓지 않겠다고 부처님 앞에서 맹세하는 것을 말합니다.

부처님 당시 인도의 승가에서 유행하던 참회법이 바로 포살布薩과 자자自恣입니다. 포살은 보름에 한 번씩 계법이 적힌 조목을 외워서 그동안 지은 죄과의 수를 세는 수행법인데, 이때 저지른 죄를 사람들 앞에서 참회한 뒤 스승이나 앞서 출가한 승려로부터 용서 받는 것을 말합니다.

자자는 안거安居 기간의 마지막 날에 승려들이 서로 반성하는 자리를 만들어서 수행 중에 잘못한 것을 고백한 뒤 참회하는 방법입니다. 이 밖에도 사참事懺과 이참理懺이 있습니다.

사참은 통상적인 참회와 같은 의미로서 과거와 현재의 죄업을 참회하는 것을 말하고, 이참은 모든 망상을 씻어내 마음속 본성의 공적空寂을 깨닫는 것을 말합니다. 모든 죄업이 실상이 아님을 깨닫고 죄를 일시에 소멸하는 참회법이라 할 수 있습니다.

중생들이 가장 많이 저지르는 죄업은 아만심으로 인해서 남이 하는 진실한 말이나 충고를 듣지 않고 제멋대로 하다가 죄를 짓는 것입니다. 이 기도문은 이를 참회하라는 가르침을 줍니다.

89.

남의 말을 듣고 부풀려
타인에게 전한 잘못을
참회하옵니다.

말은 사람과 사람의 관계를 이어주는 수단입니다. 그런데 타인에게서 좋지 않은 말을 듣고서는 이 말의 진실 여부를 떠나 다른 사람에게 부풀려서 전하는 일이 생기기도 하지요. 작은 일이 눈덩이처럼 커져서 상대방을 오해하게 되기도 합니다. 나중에는 다툼이 되어 급기야 큰 사건으로 번질 수도 있습니다. 입으로 짓는 네 가지 업을 짓지 않기 위해서라도 매사에 말을 조심해야 합니다.

90.

부모님 살아실 제 나 살기 어렵다고
더 보살피지 않는 잘못을 참회하옵니다.

《부모은중경》은 부모의 은혜가 한량없이 크고 깊음을 설하여 그 은혜에 보답할 것을 가르친 대표적인 경전으로서 《불설대보부모은중경》이라고도 합니다.

어머니가 자식을 낳을 때 3말 8되의 응혈凝血을 흘리고, 8섬 4말의 혈유血乳를 먹인다고 했습니다. 부모의 은덕을 생각하면 자식은 아버지를 왼쪽 어깨에 업고, 어머니를 오른쪽 어깨에 업고서 수미산을 백천 번 돌더라도 그 은혜를 다 갚을 수 없다고 부처님께서 말씀하셨습니다. 경전에서는 부모의 은혜를 열 가지로 설명하고 있습니다.

첫째, 어머니 품에 안고 지켜주는 은혜.

둘째, 해산날에 즈음하여 고통을 이겨낸 어머니 은혜.

셋째, 자식을 낳고 근심을 잊는 은혜.

넷째, 쓴 것을 삼키고 단 것을 뱉어 먹이는 은혜.

다섯째, 진자리 마른자리 가려 누이는 은혜.

여섯째, 젖을 먹여서 기르는 은혜.

일곱째, 손발이 닳도록 깨끗이 씻어주는 은혜.

여덟째, 먼 길을 떠나갔을 때 걱정하는 은혜.

아홉째, 자식을 위하여 나쁜 일까지 하는 은혜.

열째, 끝까지 불쌍히 여기고 사랑해주는 은혜.

불가에서는 음력 7월 15일에 지내는 우란분재盂蘭盆齋에 《부모 은중경》을 발간하여 모든 사람이 읽을 수 있도록 보급하고 있습니다. 부모의 만수무강을 서원하며 이 경전의 한 구절 한 게송을 익히고 마음에 새기면, 그 어떠한 중죄라도 모두 소멸된다고 합니다.

어버이날에 부르는 '부모님의 은혜'라는 가사도 모두 이 경전에서 따왔음을 알 수 있습니다. 부모님이 살아계실 때 부모님을 잘 공경하고 그 은혜를 기억해야 합니다.

91

불보살님이시여, 나도 모르게 믿음이 다르다 하여
배척하거나 무시한 잘못이 있다면 참회하옵니다.
옴 살바 못자모지 사다야 사바하
옴 살바 못자모지 사다야 사바하
옴 살바 못자모지 사다야 사바하.

《천수경》은 관세음보살이 석가모니 부처님께 청하여 허락을
받고 설법한 경전입니다. 한량없는 손과 눈을 가지신 관세음보
살이 넓고 크고 걸림 없는 대자비심을 간직한 큰 다라니에 관해
설법한 내용입니다.

당나라 때 가범달마가 여러 종의 《천수경》을 번역했습니다. 그
내용은 관세음보살이 중생의 병을 없애고 장수와 풍요를 얻게
하여 모든 악업과 중죄, 장애를 여의게 하고 청정한 법과 공덕을
증장시켜 일을 성취하게 하며, 두려움을 멀리한 뒤 원하는 바를

만족시켜 몸과 마음을 평온하게 한다는 것입니다.

그러므로 《천수경》의 천수다라니를 외워 꾸준히 독송하면 시방세계의 불보살이 우리의 모든 업장을 소멸시키고 우리를 가호한다고 합니다. 오늘날 불자들이 가장 많이 독송하는 경전 중 하나이지요.

참회 진언인 '옴 살바 못자모지 사다야 사바하'는 불보살님께 나의 모든 것을 바친다는 뜻이 담겨 있습니다.

92.

어려운 이웃을 위해
보살심을 내어 보시하고
베푸는 삶을 살겠나이다.

보살의 개념이 확립된 것은 대승불교가 성립된 뒤이지만, 그 용어와 개념의 시초는 석가모니 부처님의 전생을 묘사한 《본생담》에서 비롯됐습니다. 이 설화는 석가모니의 깨달음을 찬탄하는 것으로, 깨달음의 근원을 전생에 보살로서 이룩한 갖가지 수행에서 찾는 내용이지요.

대승불교가 널리 전파되고 난 후 중생이든 유정이든 성불의 서원을 일으켜 보살도를 행하면 그 사람이 바로 보살이며, 장차 성불할 것이라는 이른바 '범부의 보살' 사상이 생겨났습니다. 즉, 누구나 보살도를 행하면 보살이 될 수 있고, 그러고 나서 수행을 통해 부처가 될 수 있는 중간 단계의 구도자가 될 수 있습니다.

보살의 실천 덕목은 육바라밀과 중생을 위하는 보살심입니다.

이를 자비심이라고도 합니다. 자비심이란 타인을 나와 평등하게 생각하는 마음에서 출발합니다. 이것이 곧 보살심이자 자비심이며, 대승불교의 대승심大乘心입니다.

93.

내 마음이 청정하면
사바세계가 청정함을 알아
환경보호에 앞장서겠나이다.

청정심은 곧 자성自性을 가리키는데, 이를 자성청정심이라고 합니다. 자성이란 본래부터 갖추고 있는 맑고 깨끗한 우리의 마음을 뜻합니다. 다른 말로 성불의 씨앗이라고도 하지요. 인간은 늘 사심과 잡념, 악습과 욕심이 번뇌를 일으켜 우리가 가지고 있는 자성을 일으키지 못하게 막고 있습니다.

자성청정심을 유지하기 위해서는 자성을 회복하는 것이 무엇보다 중요합니다. 내가 청정해야 내가 살고 있는 이 사바세계가 청정해지므로 제일 먼저 닦아야 할 것은 오직 마음입니다. 내 마음을 청정하게 하는 것이 곧 수행이며, 이것이 바로 환경보호에 앞장서는 길입니다.

94.

일심으로 정진하여
부처님의 가피가 상서로운 빛처럼
사바에 비추기를 기도하겠나이다.

가피加被란 불교에서 부처님이나 보살이 중생에게 어떤 힘을 주는 일을 말하는데, 가비加備, 가우加祐, 가호加護라고도 합니다. 모든 중생이 생명을 유지하도록 은혜를 베푸는 시은施恩이라고도 하지요.

가피는 인과법과 밀접한 관계가 있습니다. 선한 일을 하면 부처님의 가피를 받을 수 있지만, 악한 일을 하면 도리어 화를 당하게 되지요. 가피란 선업을 심은 사람이 공덕을 쌓게 되면 그에 대한 불보살님의 보답인 셈입니다.

가피를 입고자 한다면 기도하는 사람의 정성스런 마음이 중요합니다. 불보살님의 가르침을 듣고 그것을 의심 없이 받아들여 육바라밀을 수행해야 함은 물론입니다. 그렇게 불보살님의 가피를 받으면 중생은 이를 되갚아야 하는 보은행報恩行의 의무를 다해야 합니다. 그것이 바로 회향입니다.

95.

내 이웃이 모두 안락하도록
지극정성으로 발원하나이다.

보살이 지녀야 할 절대적인 마음은 자비심과 자리이타입니다. 우리가 살고 있는 이 사바세계는 모든 중생이 더불어 살아가는 곳입니다. 특히 대승불교의 보살 정신은 나도 이롭고 남도 이로운 자리이타에 있지요.

나 홀로 잘 살기를 원하는 것은 이기심입니다. 타인과 끊임없이 갈등을 빚게 되고, 결국에는 돌이킬 수 없는 분쟁을 초래하게 됩니다. 이웃과 국가와 세상이 편안해야 곧 내가 편안해질 수 있습니다. 이것이 대승불교의 보살이 지향하는 바입니다.

96.

우리나라가 나날이 화합 발전하도록
지극정성으로 발원하나이다.

기도에는 두 가지 종류가 있습니다. 기원祈願과 발원發願입니다. 기도를 통해 평소 소원하던 것을 얻는 일을 기원이라고 합니다. 발원은 그보다 더 고차원적인 기도입니다.

기원이 개인적 소원을 이루기 위한 기도라면, 발원은 광범위한 대중적 기도라고 할 수 있습니다. 우리나라가 화합 발전하도록 지극정성으로 기도하는 것은 발원입니다. 따라서 발원은 보살의 서원과 그 맥락을 같이한다고 볼 수 있습니다. 기도하면서 개인적인 소원을 성취하는 것도 좋지만 우리나라를 위해 불국정토를 발원하는 것도 좋은 일일 것입니다.

97.

온 세계가 다투지 않고 평화롭기를
지극정성으로 발원하나이다.

　기도에는 개인적인 기원과 대승적 불교관으로 기도하는 발원
이 있다고 했습니다. 나와 내 가족이 행복하려면 우리나라는 물
론 전 세계가 평화로워야 합니다. 그러므로 세계 평화를 발원하
는 것은 불자들에게 지극히 당연한 기도라 할 수 있습니다.

98.

이 세상 유정, 무정 모든 삼라만상이 평온하기를 지극정성으로 발원하나이다.

유정은 감각과 감정을 가진 생물, 즉 마음이 있는 중생을 뜻합니다. 무정은 광물과 식물처럼 감각과 감정이 없는 사물을 뜻합니다. 이 유정과 무정을 모두 합한 세상을 삼라만상이라고 부릅니다. 즉, 우리가 살고 있는 이 사바세계가 곧 삼라만상입니다.

무정의 존재들은 자칫 무시하기 쉽지만 지진이나 화산 폭발, 가뭄과 홍수 등은 무정이 일으키는 현상입니다. 그러므로 무정 또한 가볍게 여길 수 있는 존재가 아닙니다.

나와 이웃, 그리고 유정과 무정이 모두 평안하려면 지극정성으로 발원하여 기도해야 합니다.

99.

불보살님이시여, 미혹한 이 중생이
간절히 이루고자 하는 소원이 있나이다.
제가 이룰 수 있도록 명훈가피력을 주시옵소서.

가피란 부처님이나 보살이 자비를 베풀어 모든 중생을 이롭게 하는 어떤 힘을 말한다고 했습니다. 불보살님의 가피에는 몽중가피夢中加被, 현전가피現前加被, 명훈가피冥熏加被 세 종류가 있습니다.

'몽중가피'는 꿈속에서 부처님이나 보살 등을 만나 그 위신력에 힘입어 기도를 성취하는 것을 뜻합니다. '현전가피'는 불보살님이 눈앞에 나타나서 구제해주는 경우를 말합니다. 마지막으로 '명훈가피'는 그저 생각만 해도 그대로 다 이루어지는 가피로서 셋 중에 가장 받기 힘든 가피입니다.

100.

(스님) 불보살님이시여.
(회원들) 내 가족들이 언제나 건강하기를
지극정성으로 발원하나이다.

불보살님에게 하는 발원 중에서 가장 중요한 것은 건강입니다. 몸과 정신이 건강해야 기도와 수행도 열심히 할 수 있습니다. 사람들은 대개 건강이라고 하면 육체만 생각하는데 정신도 포함시켜야 합니다. 의학적으로 건강하다는 것은 신체적·정신적·사회적으로 안녕한 상태를 뜻하지요.

내 몸만 건강해서는 오래 살 수 없습니다. 정신도 중요하고 더불어 사는 이 사회도 건강해야 진정으로 행복해질 수 있습니다. 그러므로 불보살님에게 건강을 발원할 때는 이웃, 사회, 나아가 이 세계가 함께 건강해지기를 기도해야 합니다.

101.

(스님) 불보살님이시여.
(회원들) 내 아이들이 언제나 하는 일마다 뜻대로
이루어지도록 지극정성으로 발원하나이다.

한 해를 평안하고 행복하게 보내기 위해서는 내 가족들이 제 마음자리를 밝혀 불보살의 가피력으로 항상 건강할 수 있도록 발원해야 합니다. 내 가정의 안락만을 바라선 안 됩니다. 이웃과 사회, 나아가 이 세상의 모든 유정과 무정이 함께 안락하기를 발원해야 합니다.

102.

불보살님이시여, 내 이제 불법 배우고 익혀
그물에 걸리지 않는
바람처럼 살기를 발원하나이다.

《숫타니파타》는 가장 오래된 불교 경전입니다. '숫타sutta'는 팔리어로 경經을 뜻하며, '니파타nipāta'는 모음이란 뜻입니다. 즉, 석가모니 부처님의 설법을 모아 엮은 경전입니다. 결집된 시기를 두고 여러 가지 견해가 있으나 고대 인도를 통일한 아소카 왕이전으로 보고 있으며, 총 5장으로 구성되었습니다.

《숫타니파타》는 석가모니 부처님을 역사적 인물로 이해하는데 매우 중요한 경전입니다. 물론《아함경》에도 그 행적을 찾아볼 수 있는 점이 많지만,《숫타니파타》가 더 먼저 이루어진 경전이므로 부처님의 육성이 더 생생하게 담겨 있습니다.

이 기도문은《숫타니파타》에서 우리나라에 가장 많이 알려진 경구 중 하나입니다.

소리에 놀라지 않는 사자처럼
그물에 걸리지 않는 바람처럼
진흙에 더럽히지 않는 연꽃처럼
무소의 뿔처럼 혼자서 가라.

103.

(스님) 불보살님이시여.
(회원들) 나만의 소원을 말해보세요.

예) 가정을 행복으로 이끄는 발원문

석가모니 부처님. 여기 오랜 생의 인연으로 만난 —————
불자가 부처님을 향해 간절히 기도를 올립니다. 제가 간절한 마음
을 모아 합장하고 기도할 수 있는 도량이 있도록 베풀어주신 크나
큰 은혜에 감사드립니다.

가족이라는 진리의 인연에 눈을 뜨고, 가정이 서로의 심성을 닦
아가는 수행의 도량이 되게 하시며, 우리 가족 모두가 언제나 믿
고 의지하며, 양보하고 감사하는 덕행을 배우고 마침내 보살의 삶
을 살아가게 하소서.

저는 항상 바른 마음으로 삼보를 믿고 따르는 가정을 가꾸겠나
이다. 언제나 자애로운 미소와 부드러운 말로 서로를 존중하고,
사랑이 넘치는 복된 가정을 만들어가겠나이다.

큰 자비로써 생명을 가진 모든 존재에게 복과 지혜를 주시는
석가모니 부처님. 항상 깨끗하고 정결한 마음을 지키는 저의 가
정을 보호하시어 저희들이 하고자 하는 일에 가피를 내려주소서.

거룩하신 석가모니 부처님께서 말씀하신 삼법인을 마음 깊이
잊지 않고 중도의 사랑과 자비심을 실천하며, 행복과 기쁨으로 찰
나의 마음을 지키겠나이다.

나무 석가모니불, 나무 석가모니불, 나무 시아본사 석가모니불.

104.

(스님) 불보살님이시여.
(회원들) 나만의 소원을 말해보세요.

105.

(스님) 불보살님이시여.
(회원들) 나만의 소원을 말해보세요.

106.

모든 업장 남김 없이 소멸되어서
생각 생각 큰 지혜가 법계에 퍼져
모든 중생 빠짐 없이 건져지이다.
허공계가 다하고, 중생 다하고
중생업이 다하고, 번뇌 다함은
넓고 크고 가이없고 한량없으니
저의 기도도 이뤄지이다.

석가모니 부처님의 설법을 모은 경전인 《잡아함경》은 총 50권 1,362경으로 이루어져 있으며, 삼장법사 구나발타라가 한역한 것이 현재 우리나라에 전해지고 있습니다.

구나발타라는 중인도 바라문 출신으로 천문, 수학, 의술, 주술 등에 능통했는데, 《아비담잡심론》을 읽고 불교에 귀의하여 삼장 三藏에 통달하였지요. 그 후 대승불교관을 터득하고 서역의 여러 나라를 구법 여행하다가 435년 중국에 가서 역경 사업을 시작

했는데, 이때 《승만경》, 《화엄경》 등 총 52부 134권을 번역하고 75세에 입적합니다.

《잡아함경》은 다른 아함경에 없는 아함부 경전을 모아놓은 것으로, 가장 원시적인 불교 경전의 모습을 띠고 있습니다. 따라서 《잡아함경》은 부처님과 여러 제자들의 아주 소박한 모습과 불교 사상의 원초적 모습을 볼 수 있는 경전입니다. 특히 업번뇌業煩惱에 대해 자세하게 기술하고 있습니다. 그렇다면 업번뇌란 무엇일까요? 경전에서는 말했습니다.

중생의 번뇌는 원인[因]이 있고 조건[緣]이 있으며, 중생의 업번뇌도 원인과 조건이 있다.

부처님께서는 중생의 번뇌와 중생의 업번뇌를 다르게 말씀하고 있는 것을 알 수 있습니다. 〈108 대참회문〉에 다음과 같은 구절이 있습니다.

허공계가 다하고 중생이 다하고 중생업이 다하고 번뇌가 다함은 넓고 크고 가없고 한량없으니 저희들의 회향도 이뤄지이다.

결국 모든 중생의 발원은 업장을 남김 없이 소멸하고 우리가 하는 생각마다 큰 지혜가 생겨서 이것이 삼라만상 법계에 두루 퍼져 번뇌에서 빠짐 없이 건져지는 데 있습니다.

　　허공계가 다하고 중생이 다하고 중생업이 다하고 번뇌가 다함은 넓고 크고 가없고 한량없을 동안 우리의 기도가 이루어지기를 간절히 바라는 기도문입니다.

107.

이 기도의 가피로
순례길 끝까지 동참하게 하옵시고,
이 기도에 동참하여 108 불공 올리옵고,
이 기도의 가피로 108 인연 108 염주
만들어지이다.

우리는 이제 108 참회 기도문 속에 담긴 모든 뜻을 배우고 공부했습니다. 기도의 가피로 108 인연과 108 염주를 모두 완성하였습니다.

그러나 이것은 시작에 불과합니다. 우리의 발원은 허공계가 다하고 중생이 다하고 중생업이 다하고 번뇌가 다하는 동안 넓고 크고 가없고 한량없이 계속되어야 합니다.

108.

이 기도의 가피로 108 번뇌 소멸하고,
이 기도의 가피로 반야 지혜 이룩하고,
이 기도의 가피로 108산사순례
원만회향 되어지이다.
나무 석가모니불
나무 석가모니불
나무 시아본사 석가모니불.

우리가 108산사순례와 53기도도량에 가서 읽고 실천하는 '나를 찾는 108 참회 기도문'은 예사로운 기도가 아닙니다. 기도문의 모든 문장은 부처님의 팔만사천 법문을 압축한 것입니다.

매일같이 몸과 마음으로 한 구절씩 익혀서 실천하면 과거세에서부터 지은 모든 업장을 소멸하고, 성불의 길로 나아가는 진실한 불자가 될 수 있습니다.

나를 찾는 108 참회 기도문

2017년 7월 20일 초판 1쇄 발행

지은이·선묵혜자

펴낸이·김상현, 최세현
편집인·정법안
책임편집·손현미, 김유경 | 디자인·임동렬

마케팅·권금숙, 김명래, 양봉호, 임지윤, 최의범, 조히라
경영지원·김현우, 강신우 | 해외기획·우정민
펴낸곳·마음서재 | 출판신고·2006년 9월 25일 제406-2006-000210호
주소·경기도 파주시 회동길 174 파주출판도시
전화·031-960-4800 | 팩스·031-960-4806 | 이메일·info@smpk.kr

ⓒ 선묵혜자(저작권자와 맺은 특약에 따라 검인을 생략합니다)
ISBN 978-89-6570-488-1 (13220)

쌤앤파커스(Sam&Parkers)는 독자 여러분의 책에 관한 아이디어와 원고 투고를 설레는 마음으로 기다리고
있습니다. 책으로 엮기를 원하는 아이디어가 있으신 분은 이메일 book@smpk.kr로 간단한 개요와 취지,
연락처 등을 보내주세요. 머뭇거리지 말고 문을 두드리세요. 길이 열립니다.